改變心態，

只有改變應對態度，
才能改變自己的前途

才能

翻轉未來

Change your mindset
to flip the future

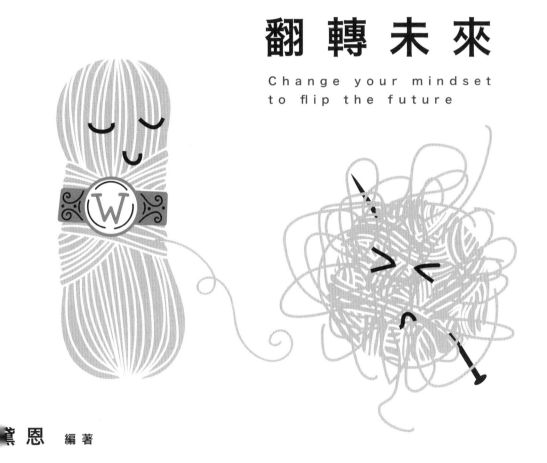

黛恩 編著

Change your mindset
to flip the future
003

出版序　　　　　　　　　　　　　　　・黛　恩

改變心態，才能翻轉未來

痛苦與快樂是並存的，
唯一能掌握的就是態度。
要沉浸在痛苦之中，
還是要奮力前進，
端看能不能體會生命的深度。

　　詩人紀伯倫曾經寫道：「如果理智是人生大船的舵，那麼，態度則是人生大船的帆。」

　　確實，人生最終會走向何處，完全取決於我們的生活態度，人生的苦樂，也在於我們用什麼態度做選擇。

　　面對生命中的各種難題，用不同的角度解讀，往往會得到不一樣的結果，千萬別以為目前遇到的困境，就是自己的「世界末日」，其實，只要試著改變應對的態度，換個角度重新檢視，就可以輕鬆改變自己的前途。

　　唯有改變心態，才可能擁有美好的未來。

　　美國詩人愛默生曾經說過一句寓意深遠的話：「只有在天空最黑暗的時候，才能看到天上的星星。」

　　因為有黑暗，才能看見閃爍的星星；因為有黑暗，才能感受到白天的光明和溫暖。生命就是如此一體兩面，有痛苦，才能感受到喜悅。一個不曾感受過痛苦的人，無法體會快樂的可貴。

　　就像飢腸轆轆的人，最能品嚐到食物的美味；在大熱天下行走，哪怕只有小小一片樹蔭，都是上天最大的恩賜。也因此，許

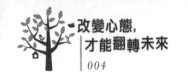
多生過大病、出過意外的人,在康復之後能更珍惜自己,了解生命的意義。

由於車禍,米契爾全身有百分之六十五的皮膚都被燒壞了。

手術後,他無法拿起叉子,無法撥電話,也無法一個人上廁所。但以前曾是海戰隊員的米契爾從不認為他被打敗了。他說:「我可以掌控自己人生的浮沉,我可以選擇把目前的狀況看成倒退或是一個起點。」

六個月之後,他又能開飛機了!

米契爾為自己在科羅拉多州買了一幢維多利亞式的房子,另外也買了房地產、一架飛機及一家酒吧,後來他和兩個朋友合資開了一家公司,專門生產以木材為燃料的爐子,這家公司後來變成佛蒙特州第二大的私人公司。

車禍發生後四年,米契爾開的飛機在起飛時又摔回跑道,把他胸部的十二條脊椎骨全壓得粉碎,腰部以下永遠癱瘓。

經歷了兩次可怕的意外事故後,他的臉因為植皮變成一塊彩色板,手指沒了,雙腿萎縮無法行動,只能癱瘓在輪椅上。

米契爾仍不屈不撓,日夜努力使自己能獨立自主。他甚至被選為科羅拉多州孤峰頂鎮的鎮長,保護小鎮的美景及環境,不因礦產的開採而遭受破壞。

米契爾後來也競選國會議員,他用一句「不只是另一張小白臉」的口號,將自己難看的臉轉化成一項有利的資產。

儘管面貌駭人、行動不便,米契爾仍墜入愛河,完成了終身大事,接著又拿到了公共行政碩士,並持續他的飛行活動、環保運動及公共演說。

Change your mindset
to flip the future
005

　　米契爾屹立不倒的正面態度，使他得以在「今天看我秀」及「早安美國」節目中露臉，《前進雜誌》、《時代週刊》、《紐約時報》及其他出版品也都有米契爾的人物特寫。

　　古羅馬思想家蒙田曾經說過：「生命的用途，並不在於長短，而在我們用什麼態度經營它。」

　　遭遇困難、感到失望的時候，人難免會對未來抱著悲觀和沮喪，但千萬別讓負面情緒主宰自己的未來，無論如何都要試著用正面的態度面對。

　　如果一個人四十六歲時，因為車禍被燒得不成人形，四年後又在一次墜機事故後，腰部以下全部癱瘓，你能想像他會變成百萬富翁、公共演說家、成功的企業家嗎？你能想像他會去泛舟、跳傘，甚至在政壇角逐一席之地嗎？

　　這一切，米契爾全做到了！許多令人難以置信的事，都是在負面的情況、艱苦的環境中達成。因為，壓力就是動力，痛苦往往伴隨著喜樂，就看自己要用什麼心態面對。

　　或許，之前我們能做到十件事，然而在苦難之後只可以完成一件事，我們仍能為此感到快樂，只要目光不侷限在無能為力的另外九件事上。

　　不同的觀點，創造出不同的生命。我們應該用沉穩的態度來面對苦難，因為它的背後往往伴隨著喜悅。

　　痛苦與快樂是並存的，唯一能掌握的，就是自己的態度。要一直沉浸在痛苦之中，生不如死，還是要苦中作樂，端看我們能不能體會生命的深度。

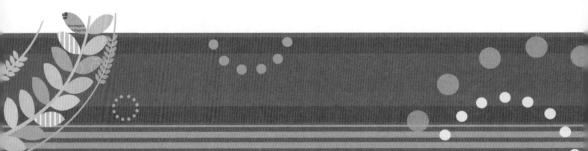

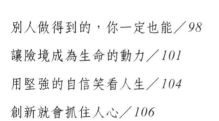

PART3

不放棄，才會有奇蹟

如果能把每一次挑戰都當成最後一次希望，就不會放棄任何可以成功的機會，只要不放棄，就會有奇蹟出現的可能。

PART4

在意別人的眼光，就會被牽著鼻子走

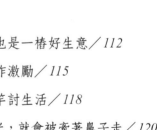

多數人總是活在習慣的思維裡，大腦根本就沒有進行邏輯思考的能力，如果你在乎他們的眼光和看法，最後當然會被他們牽著鼻子走。

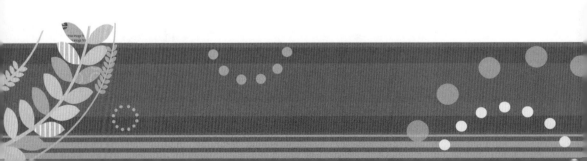

PART7

不斷超越別人，也不斷超越自己

愛因斯坦對於自己的理論，一直抱著「一種發現的過渡」，
人也應該如此，必須不斷超越別人，也不斷超我越自我。

PART8

別用兩塊錢賣掉你的快樂

丟掉生活中的負面情緒，或許並不是件容
易的事，但是，如果你能開心的笑，又何
必老是哭喪著臉呢？

PART9

保持微笑，有意想不到的成效

微笑能化解爭端，平息對方的怒火，更可以安撫自己
內心的悶氣。讓微笑幫助自己解決衝突，讓問題簡單
一點。

PART10

多努力一點，能走得更長遠

多做點努力，為將來預留「幸福」的空間。無論任何
時候，我們都該有「更進一步」的信念，才能讓人生
走上康莊大道。

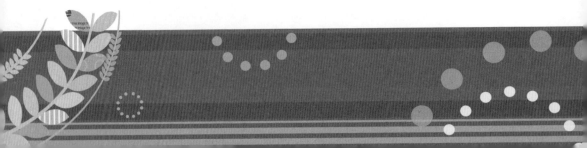

PART①

將心靈開啟，
創造自己的天地

真正讓視野開拓的不能只靠外在給予，只要心靈的空間願
意開啟，就算委身於小天地裡，也能讓人生開創出大空間。

換個想法，就能找到方法

只要充滿智慧，人生到處都是成功的機會。要
在自己的領域中一直不斷地創新，如此才能創
造出更多機會，豐富自己的生活。

對於遭遇失敗挫折而灰心喪志的人，激勵大師卡耐基曾經勉
勵說：「如果在自己非常想要做的事情未能成功，不要立刻接受
失敗，試試別的方法，因為你的弓不會只有一根弦，只要你願意
找到另外的弦。」

確實如此，限制我們成就的因素，往往不是缺少機會，而是
我們不願意改變根深柢固的想法，因此找不到解決問題的方法。

其實，每個人都有獨特的思考模式，每個人也有著無可取代
的價值，不管再怎麼不景氣，只要肯動動大腦，發揮自己的創意，
追求生活裡的無限可能，那麼就能把不可能變成可能。

據說，音樂神童莫札特在音樂大師海頓門下學藝的時候，曾
經和老師打賭一件事。莫札特說，他能寫出一段，連音樂大師海
頓也無法彈奏的曲子。

在音樂殿堂努力大半輩子，已經成為眾人景仰的宗師的海頓，
聽到這麼誇大的話，只是一笑置之，一點也不相信莫札特所說的
話。

Change your mindset
to flip the future
013

　　不一會兒的工夫，莫札特便將一段曲子譜好，交給老師彈奏。

　　海頓看著琴譜，胸有成竹地彈奏起來。

　　但是，彈不到幾秒鐘，他便驚呼道：「這……這是什麼？我兩隻手都已經分配好音符要彈奏了，而且還是分開在鋼琴的兩端，怎麼眼前還多了這個音符？這到底怎麼彈奏啊？」

　　海頓試彈了很久，仍然無法想出法子，無奈地說：「除非是三隻手，否則，沒有人可以彈奏這首曲子了。」

　　海頓對自己充滿了信心，認為連自己都無法彈奏的曲子，別人當然更加無能為力。

　　但是，莫札特這時卻開心地表示他做得到，隨即接過樂譜，面帶微笑地坐上琴椅，輕快地彈奏起來。

　　海頓狐疑地站在一旁，仔細觀看這個神童，到底如何完成那個需要「第三隻手」才能彈出的音符。

　　當莫札特彈到那個特別的音符時，只見他不慌不忙地向前彎下了身子，用鼻子點了一下。

　　海頓一看方法竟然這麼簡單，不禁哈哈大笑，對這個高徒讚嘆不已。

　　這是莫札特一則很有趣的軼聞，雖然從來沒人看過他在公開場合用鼻子彈琴，但這則軼聞提醒我們，只要擁有獨特的創意與靈活的思維，生活之中就沒有無法克服的難題。

　　就像故事中的音樂大師海頓，如果他能換個想法，走出慣性思考的束縛，曉得「用鼻子彈鋼琴又有什麼不行」的道理，那麼他就會發現：「世界上沒有不能彈奏的曲子。」

　　我們可以用這個例子，作為勉勵自己的座右銘。

　　思想家盧梭曾經寫道：「如果有本領的人，沒有具備化危機為轉機的智慧，他也會像沒有本領的人一樣窮困而死。」

　　走在人生的道路上，不時會出現阻礙自己前進的「石頭」，你必須改變「此路不通」的念頭，設法繞過或踏過那顆「石頭」。

　　生活中許多看似無法解決的難題，並非真的無解，而是我們被慣性的思考模式束縛，沒找到正確的方法。

　　只要充滿智慧，人生到處都是成功的機會。要在自己的領域中一直不斷地創新，如此才能創造出更多機會，豐富自己的生活。

Change your mindset
to flip the future
015

信念堅定，就能面對任何困境

只要真心想做，只要不失去堅定的信念，只要給自己一個堅定的信念，就能面對未來所有挑戰。

　　法國文豪大仲馬曾經在著作中寫道：「未來有兩種前景，一種是猥猥瑣瑣的，一種是充滿理想的。上蒼賦予人自由的意志，讓人可以自行選擇，你的未來就看你自己了。」

　　一個人的心態會決定自己的未來，想改變未來，就必須用積極進取的態度面對現在。重要的並不是你遭遇什麼，而是你用什麼心態面對。只要認真生活、活在當下，人生就會時時充滿驚艷。

　　人類常常會表現出常理無法相信、理解的能力，甚至連科學都無法證實為何人類有那麼強大的力量和韌性。

　　有人認為那是上天給予的奇蹟，或者是幸運之神的降臨，但這些說法都無法清楚解釋人類力量的來源。

　　事實上，人類擁有的強大精神力量、信念和意志力，才是面對所有不可能事物的奇蹟。

　　第二次世界大戰期間，有一個女孩子流亡海外，無依無靠，幸運的是，她能講一口流利的英語和法語，因此被英國特務組織

看中,受邀加入。

然而,她並不適合特務工作,因爲她性情急躁、沒有耐性,所有的同事都認爲讓她做間諜,無疑是爲敵國送上一座秘密的寶礦。果然,所有的訓練過程對她幾乎都沒有用處。

有一次,組織讓她拿一份敵國駐軍圖,送交給地下情報員。她到了接頭地點後,卻怎麼也想不起接頭暗號,情急之下,索性把地圖展開,對著來來往往的人群進行試探:「你對這張地圖感興趣嗎?」

幸運的是,她很快遇上了兩位地下情報員,他們扮做精神病人,迅速地掩蓋這個可怕且致命的錯誤。

不僅如此,她認爲愈是繁華的地段愈是安全,於是自作主張,把秘密電台搬到了巴黎的鬧區中,可是她不知道,蓋世太保的總部就在離她一街之遙的地方。

終於,一天夜裡,蓋世太保把這個膽大妄爲,正在發報的間諜逮捕了。

英國特務組織後悔不已,如果這個天真的姑娘在蓋世太保的刑求下,毫無保留地說出一切,那麼,對在法國的特務組織將是一個重創。

出乎意料的是,蓋世太保用盡了各種殘酷的刑罰,都無法讓她吐出一句話來。

二戰結束後,英國政府追授她喬治勳章和帝國勳章。這樣一個不稱職的間諜,竟獲得了英國政府的最高獎賞。

對此,官方的解釋是:「對敵國而言,夢寐以求的是間諜的背叛,這等於無形的巨大寶藏。這個女孩做事方式雖然魯莽,至今卻沒有吐露任何一個字。一個人雖然需要技巧和智慧,但最不能缺少的,是原則和信念,這就是一個間諜最本位、最出色的地

方。我們從沒懷疑過她是一位優秀的間諜。」

這個女孩的名字就叫努爾，曾是一位印度王族的嬌貴女兒。

誠如日本零售業大亨中內功說的：「人類原本是軟弱的，但是只要帶著信念或是使命感開始行動時，不知怎麼搞的，人類就會變得強韌了。」

面對慘無人道的酷刑，讓人求生不能、求死不得，再加上精神虐待，種種折磨讓人不敢想像，一個再怎麼能忍耐的人，都可能放棄一切以求解脫。

可是，性情急躁的努爾克服了。

就像歷史上許多革命英雄一樣，一切都是為了一種信念，為了人民的福祉，才能忍人所不能忍。

一般人沒有那麼大的志向，也能有這麼大的能力嗎？

是的，只要真心想做，只要不失去堅定的信念，當我們做出決定的那一刻，一個人一生的評價也注定了。

只要給自己一個堅定的信念，就能把壓力化為前進的動力，勇敢地面對未來所有挑戰。

你的未來只有自己可以安排

在我們判斷一個人的所作所為時,應該謹慎,
不要使用負面的言語。讚美和肯定,是讓人成
長的養分。

薇薇從小就對美術非常有興趣,立志要成為一個藝術家,也
順利就讀美術資優班。

但在高手雲集的班上,薇薇的表現並不出色。

某天,美術老師看了一眼她的作品,直接評斷說:「妳沒有
美術天分。」不做任何指導便走開了。

從那天起,薇薇對自己再也沒有信心,家人也勸她考一般大
學就好了,從此她再也沒有碰過畫筆。

多年後,由於一次偶然的機會,她的隨手塗鴉被一位出版界
的資深編輯看到,非常欣賞她的畫風,便請她擔任該出版社的插
畫家。

如今,薇薇雖然不是知名的藝術家,卻在出版界小有名氣。

一個人的未來,並不是三言兩語就可以決定的。然而,許多尚
未成長、健全的心靈很容易受到他人影響,往往會因為旁人的幾句
話就改變自己的未來,這是一件非常可惜的事。

巴爾札克是十九世紀法國偉大的批判現實主義作家,他的小

Change your mindset
to flip the future
019

說善於以外形塑造來反應人物的內心世界。

他曾聲稱，能根據一個人的字跡判斷那個人的性格並推測那個人的前途。

有一天，一位住在巴爾札克家附近的老太太，拿了一本小學生的作業簿，想請巴爾札克分析作業簿主人的性格。

巴爾札克翻了翻作業簿，若有所思地想了想，略帶猶豫地對老太太說：「這個孩子是您的孫子嗎？」

老太太答道：「沒關係，您只管直說好了。」

巴爾札克鄭重其事地說：「這個孩子個性浮躁、任性，而且無心學習，只喜歡玩樂。如果家長不嚴加管教，他的前途將不堪設想！」

老太太聽完巴爾札克的分析並沒有露出憂愁神色，反而忍不住笑了起來。她說：「親愛的孩子，這本作業簿是你孩提時期寫的啊！」

巴爾札克頓時啞口無言。

人類的思想和行為是息息相關的，負面的暗示會讓一個人失去信心。同樣的，一個人若受到重視，能體認到自己的存在感，自然會往好的方向成長。

或許巴爾札克幼年時期的確是一個浮躁、好動、不喜歡學習的孩子，可是他的未來並不像自己斷言的，「前途不堪設想」。

一個人的生命，會因為碰上一些小小變化而有所改變，這些小小的變化或許會成為生命中最關鍵的轉捩點。

在這個社會上有許多自以為很有歷練的人，常常不加思索就脫口說出否定他人的話，甚至改變了他人的命運。但是，沒有任

何人能夠輕易評斷一個人的未來，隨便替他人做決定。

在我們判斷一個人的所作所為時，應該謹慎，不要使用負面的言語，儘量以讚美代替指責，將負面暗示轉為正面鼓勵，慢慢引導他走向正確的道路。

讚美和肯定，是讓人成長的養分。

拒絕自憐，才能大步向前

人們習慣於憐憫自己，愈是呵護自己，愈是自憐。只要我們在苦難面前永不放棄，一定可以贏得成功和幸福。

激勵大師戴爾・卡耐基曾說：「當命運交給我們一個檸檬的時候，試著去做一杯檸檬水。」

心態決定一個人的未來，生命中的逆境處處可見，我們唯一能做的，就是改變自己的應對態度。

一個人能不能成功、是否感到幸福，往往來自對各種不同環境的適應能力，只要願意試著改變自己的心態，那麼無論遭遇什麼困境，都能通往成功、幸福的未來。

有個女孩只要代表班上參加書法比賽，都能抱回大獎來。

或許寫得一手好字對其他人來說不算什麼，但是，對她而言卻是很難得的事。

她的一雙手臂在意外中嚴重燙傷而肌肉萎縮，胸口也留下大大的傷疤。只要穿短袖運動褲時，甚至可以看到她大腿上那一大片疤痕，那是為了修補手臂和胸口的皮膚而割下的傷痕。

「妳還會痛嗎？」

「不，已經不痛了。」她笑著，絲毫不覺得自己與他人不同。

那些凹凸不平的「醜陋」疤痕，是經歷「傷痛」重新長出的

另一層「新皮」。

或許「新皮」沒那麼漂亮、平整，卻是經歷考驗而重生的希望；或許沒有那麼靈活，可是它不放棄用全新的面貌挑戰所有可以讓自己成長的機會。

在他八歲那年，因為一場意外爆炸事故，致使雙腿嚴重受傷，連一塊完整的肌膚也沒有，醫生甚至斷言他此生再也無法行走。然而，他並沒有因此哭泣、喪志，反而大聲宣誓：「我一定要站起來！」

他在床上躺了兩個月之後，便嘗試著下床。

他總是趁父母不注意時，扙著父親為他做的兩根小拐杖，在房間裡練習站立。每一個小小的移動，總是讓他痛到幾乎暈厥，也讓他幾乎被擊倒。

他每一次的練習總會跌得遍體鱗傷，父母心疼得希望他不要再嘗試，但他卻不放棄，堅信自己一定可以重新站起來，重新走路、奔跑。

幾個月後，他的兩條傷腿總算可以慢慢伸展了。他在心底默默為自己歡呼：「我站起來了！我站起來了！」

他突然想起距離家兩英里的一個湖泊，那裡的藍天碧水是多麼動人，在那兒令人喜歡的小夥伴正在等著他。

他暗自決定，要靠自己的力量走到湖泊，於是，他更加頑強地鍛鍊自己。

兩年後，他因為自己的堅韌和毅力，終於走到湖邊。從此，他又開始練習跑步，把農場上的牛馬當作追逐的對象，數年如一日，無論寒暑都不放棄。

Change your mindset
to flip the future
023

後來，他的雙腿就這樣「奇蹟」般地強壯起來。經過不斷的挑戰和訓練，他成了美國歷史上有名的長跑運動員。

他就是美國體育運動史上偉大的長跑選手──格連‧康寧罕。

「為什麼是我？我怎麼那麼倒楣？」

當人們碰到挫折、傷痛時，總會這樣問上天。可是，我們對生活滿意，感到幸福的時候，卻從不懷疑為什麼一切那麼美好。

因為人們習慣於憐憫自己，愈是呵護自己，愈是自憐。碰到不幸時，只會讓自己沉溺於自憐自艾中。

或許環境與人生際遇讓你感到失望，或許你一出生就背負著沉重的包袱，親人離去、失去健康……就連發票中個兩百塊也沒你的份。這些打擊和委屈包含著不同的人生課題，一切都是為了教導你面對挫折，堅強信心和勇氣。

格連‧康寧罕和燙傷的同學，他們因為「挫折」，更努力面對生命，而有一番成就。上天給予的「考驗」，都有某些意義存在，只要我們有所體悟，在苦難面前永不放棄，一定可以贏得成功和幸福。

想太多就不能輕鬆生活

將時間花在沒有必要的顧慮上，擔心即將發生
的事情，只能多做一點準備；擔心根本還沒發
生的事情，只是在自尋煩惱。

　　古羅馬思想家塞涅卡曾經這麼寫道：「生命就像一齣戲，重
要的不是它的長度，而是它的深度。」

　　有些事即使想得再多、再遠，也於事無補，事情不僅無法立
即有效解決，也只是徒增自己無盡的煩惱！

　　有一位婦人因爲血脂肪過高去醫院檢查，醫生診斷後，認爲
只要按時服藥、注意飲食習慣就沒問題了。聽到醫生「簡單」的
交代，婦人還是不放心，問醫生自己偶爾會有頭暈的情況發生，
會不會是中風的前兆？

　　醫生再次檢驗後，確認婦人病情在控制範圍內，不需要擔心，
可是婦人還是認爲自己可能隨時會中風，狀況很危險。

　　幾番要求下，醫生應婦人要求，開了預防「中風」的藥，婦
人才肯離開醫院。

　　婦人到附近藥局領藥時，藥劑師突然問她：「妳是不是有憂
鬱症？」

　　婦人不明白藥劑師爲什麼會這麼問，直到和藥劑師詳談看病

Change your mindset
to flip the future
025

過程後，兩人當場忍不住哈哈大笑。

原來，醫生認為婦人有憂鬱症的傾向，才會整天擔心自己快中風，所以開給她抗憂鬱的興奮劑。

這位「想太多」的婦人自從這一事件後，再也不杞人憂天，反而能更自在的面對生活。

有一個製造成衣的商人，在經濟不景氣波及下生意大受影響。他整天愁眉苦臉、心情鬱悶，每天晚上都無法好好睡覺。妻子見他蒼白臉色，感到十分不捨，深怕再這樣下去就要生病，建議他去找心理醫生，尋求解決之道。

醫生見他雙眼布滿血絲，問道：「怎麼了，是不是受失眠所苦？」

成衣商人說：「可不是嗎？」

心理醫生聽完他的狀況，就開導他說：「這並不是很嚴重的問題，還不用吃藥控制。你回去後，如果睡不著就數數綿羊吧！」成衣商人道謝後離開。

過了一個星期，他又回診了，心理醫生見他雙眼又紅又腫，精神更加不振了，就為他做了仔細的身體檢查。之後，醫生非常吃驚地說：「你真的有照我的話去做嗎？你的身體狀況更糟了，肝功能指數上升了不少。」

成衣商人委屈地說：「我當然有照你說的去做，還數到三萬多頭羊呢！」

心理醫生又問：「數了這麼多，難道連一點睡意也沒有嗎？」

成衣商人回答：「本來快要睡著了，但是又想三萬多頭綿羊有多少毛呀，不剪豈不可惜！」

心理醫生說：「那剪完不就可以睡了？」

　　成衣商人嘆了口氣說:「但頭疼的問題來了,這三萬頭羊毛所製成的毛衣,現在要去哪兒找買主呀?一想到這兒,我就睡不著了。」

　　改變心態,人才有更美好的未來!

　　放下內心那些無謂的煩惱,人才會活得快樂幸福。

　　生命的長短用時間來計算,生命的價值則是用貢獻來計算,雖然我們無法決定生命的長短,但卻可以決定自己生命的內容是否精采豐富。

　　最浪費生命的舉動,就是將時間花在沒有必要的顧慮上。

　　擔心即將發生的事情,或許能多做一點準備;擔心根本還沒發生的事情,只是在自尋煩惱。

　　如果你總是在其中鑽牛角尖,可能需要停下來好好檢視自己,看看自己是否正在「虐待」自己,否則怎會以處於恐懼、困擾中為樂?

*Change your mindset
to flip the future*
027

人的行動受信念的掌控

我們的生命隨時隨地受到信念的影響。決定了
我們用什麼樣的身心狀態來面對世界，信念的
力量有近似奇蹟般的影響。

研究人類學的專家說：「信仰使人擁有力量，信仰也使人失
去力量。」

信仰的力量其實就是一種「信念」的力量，每一個想法、感
覺、念頭，都會影響到全身的細胞，影響到身心狀況。

它的影響是無可限量的。

澳洲曾有個野蠻民族，族人不分男女老幼，個個孔武有力，
赤手空拳也能和獅子、老虎搏鬥。殘暴的性情加上天賦的力量，
令其他弱小的族群長期生活在他們的欺凌之下。

但是，這支民族後來卻是澳洲所有少數民族中最先滅亡的一
支。有人調查這個民族滅亡的原因，才發現他們有一個奇怪的信
仰：禁止洗澡。

他們認為身體的污垢是神賜的禮物，若是加以洗淨，力量就
會消失，像隻軟弱的兔子任敵人宰割。

後來，幾支弱小族群聯合起來，在一個風雨交加的夜晚，將
暴漲的河水導進他們所居住的洞穴。

　　突如其來的河水沖刷,讓他們發出驚惶的哀號,一瞬間,彷彿失去了所有的力量,一個個癱倒在地。全族就在毫無反抗的情況下,輕易地被滅族了。

　　有個女人的第一個丈夫在婚後不久就去世了,第二個丈夫又拋棄了她,和一個已婚婦人私奔,後來死在一個貧民收容所裡。

　　她只有一個兒子,卻因為自己貧病交加,不得不在兒子四歲那年送給別人撫養。從孩子離開那天起,有關孩子的訊息就被對方刻意中斷,她整整三十一年沒有見過兒子,只能在眼淚中度過思念的日子。

　　在一個很寒冷的冬日,她在馬薩諸塞州林恩市的街頭走著。那天,正是她生命中戲劇化的轉折點。

　　冒著大雪,她用盡力氣維持身體的平衡,在濕滑路面前進。突然一個不小心,她滑倒了,摔倒在結冰的路面上,昏了過去。被人送到醫院時,她出現痙攣現象,她的脊椎受到了傷害。

　　醫生診斷之後,認為她活不了多久了,即使出現奇蹟讓她得以活命,也絕對無法再行走了。

　　她靜靜地躺在角落的一張床上,再也沒有人去問候她,每個人似乎在等待死神將她帶走。

　　她空洞的眼神望著四周,突然發現一本《聖經》放在床邊的桌子上。她拿起《聖經》,隨意翻開其中一頁,正巧看見馬太福音裡的一段話:「有人用擔架抬著一個癱子到耶穌跟前來,耶穌就對癱子說:『孩子,放心吧,你的罪赦免了。起來,拿著你的褥子回家去吧。』那人聽完馬上就站了起來,像個正常人般走回家去了。」

　　耶穌的這幾句話大大震撼了她,頓時,她覺得全身舒暢,感

Change your mindset
to flip the future
029

受到一種能夠醫治她的力量出現了，於是她立刻下了床，開始行走。

「這種經驗，」她說：「就像引發牛頓靈感的那枚蘋果一樣，使我發現自己是如何好起來的，以及怎樣才能讓別人也做到這一點。我可以很有信心地說，一切的原因都來自於你的思想，而一切的影響力都是心理現象。」

她就是基督教信心療法的創始人艾迪太太。

我們的生命隨時隨地受到「信念」的影響。

信念決定了我們用什麼樣的身心狀態來面對世界，也決定了世界用什麼樣的面貌呈現在我們面前。

「信念」的力量有近似「奇蹟」般的影響，讓人更不能不注意信念的發展和方向是積極樂觀，還是消極悲觀。

作家巴路克雷曾經寫道：「如果你把壓力看成是一把槌頭，那麼每個問題，看起來都會像一根釘子。」

其實，我們的能力與所受的壓力成正比，如果不意識到自己面對的問題如何急迫和險阻，就不會鞭策自己在最短的時間之內去完成。

因為，一切的行動的緣由都是源自於思想，所造成的一切影響都是一種心理現象。只要抱持著積極樂觀的信念，便可見「奇蹟」發生。

將心靈開啟，創造自己的天地

真正讓視野開拓的不能只靠外在給予，只要心靈的空間願意開啟，就算委身於小天地裡，也能讓人生開創出大空間。

很多人為了生活，不得不將寶貴的青春關在小空間裡，為了三餐溫飽而辛苦打拼，感嘆活動空間的狹小，羨慕在藍天飛翔的小鳥，卻無力改變現狀。

然而，相同的情況發生在不同人身上，卻會有不同的結果。同樣是朝九晚五的上班族，有的在不知不覺過了一生，有的卻是活得精采。

中間差別只在於「心」的大小。

明朝萬曆年間，中國北方的女真族時常作亂，皇帝為了要抗禦強敵，決心整修萬里長城。

當時號稱天下第一關的山海關，年久失修，殘破不堪，尤其是「天下第一關」題字中的「一」字，已經脫落多時。萬曆皇帝募集各地書法名家，希望能回復山海關本來的面貌。

各地名士聞訊，紛紛前來揮毫，卻沒有一人的字能夠呈現出天下第一關的豪邁原味。皇帝只好再次昭告，只要中選的人，就能夠獲得最大的重賞。

Change your mindset
to flip the future
031

經過嚴格的篩選，最後中選的，竟然是山海關旁一家客棧的店小二寫出的字，大家都直呼不可思議。

題字當天，會場擠得水洩不通，官家也備妥了筆墨紙硯，就等候店小二前來揮毫。

只見主角抬頭看著山海關的牌樓，捨棄了狼毫大筆不用，拿起一塊抹布往硯台裡一沾，大喝一聲：「一！」毫不遲疑往牆上抹去，動作十分乾淨利落，一個絕妙的「一」字立刻出現，旁觀者莫不給予驚嘆的掌聲。

有人好奇地問他寫出的字能夠如此成功的秘訣。他想了想，久久無法回答，後來才勉強答道：「其實，我也不知道有什麼秘訣。我只是在這裡當了三十多年的店小二，每當我在擦桌子時，就望著牌樓上的『一』字，一揮一擦，就這樣而已。」

原來這位店小二的工作地點，正好面對山海關的城門。每當他彎下腰，拿起抹布清理桌上的油污之際，剛好視角正對準「天下第一關」的「一」字。

他不由自主地天天看、天天擦，數十年如一日，久而久之，就熟能生巧、巧而精通了。

這就是他能夠把「一」字，臨摹到爐火純青、維妙維肖的原因。

或許熟能生巧是幫助店小二揮毫成功的原因之一，但是展現出氣魄的根本是他那偉大的心靈空間。

店小二的工作就是每天擦擦抹抹、服務客人，對很多人來說，那是一個乏味且無趣的工作。在其中忙碌的店小二，並不以此為苦，以豁達的態度來面對工作，雖然只是做些打雜的工作，可是

「天下第一關」的氣魄，卻在不知不覺中充實他的心靈空間。

對於「空間」的嚮往，不一定要向外尋求，有時候，「心靈的空間」也會讓一個人擁有撼動山河的氣勢。

真正讓視野開拓的不能只靠外在給予，更必須向內尋求。只要心靈的空間願意開啓，就算委身於小天地裡，也能讓人生開創出大空間。

給心靈鼓勵，就能改變自己

一個沒有自信的人，也能藉著自我暗示，改善
信心不足的部分。不妨多給心靈正面的鼓勵，
你也可以開創新的生活。

多年前，曾在電視上看到某學者教導人們用「暗示」的力量治療疾病。

人們的潛意識會在自覺或不自覺之中，受到某些訊息的影響。爲了幫助人們將這些影響到正常生活的不良情緒拋棄掉，許多心靈醫師便運用潛意識接收與暗示的原理對疾病進行治療。

由此可以想見，人們的潛意識對身心有多大的影響。

眞正能影響我們意志的東西，並非外在環境，而是來自於我們的心。因此，意志力的強弱，是源自於個人的自我暗示。

英國有位婦女名叫黛安娜，是位不幸的女人，嫁過的兩個丈夫都因病去世。雖然繼承了許多遺產，但一個人過生活，讓她覺得很寂寞。

不久，有個叫查理斯的男人向她求婚，她覺得這人不錯，就嫁給了他，查理斯就這樣搬進她的豪宅裡。

有一天下午，黛安娜幫丈夫收拾房間時，意外地發現丈夫抽屜裡收藏著一大疊剪報。上面報導一個叫馬可的罪犯，專門尋找

有錢的女人和她們結婚，然後設法殺死她們，將錢財佔爲己有，目前這名兇犯越獄在逃。

黛安娜見報上對罪犯的描述特徵，頓時頭暈目眩。原來，這名罪犯就是她現在的新婚丈夫——查理斯！

就在此時，查理斯手拿著鐵鍬進了院子。黛安娜心想，她可能活不過今晚了！一想到這，黛安娜興起一股逃跑的念頭，但又怕丈夫懷疑。於是她趁丈夫到屋後時，打電話給好朋友傑克，請他幫忙報警。

打完電話之後，她裝著若無其事的樣子，煮了杯咖啡，沒放糖，遞給了剛剛上樓的丈夫。

丈夫喝了幾口咖啡後就說：「這咖啡爲什麼不放糖？這麼苦！我不喝了，走吧，我們到地窖裡去整理一下。」

黛安娜知道丈夫要殺她了，明白自己無法逃出去，便靈機一動說：「親愛的，你等一下·我要向你懺悔！」

丈夫好奇地問：「你懺悔什麼？」

黛安娜沉痛地說：「我向你隱瞞了兩件事。我勸我的第一任丈夫參加了人壽保險，當時，我在一家醫院當護士。我假裝對丈夫很好，讓左鄰右舍都知道我是個好妻子。每天晚上，我都親自爲他煮咖啡。有一天，我悄悄把一種毒藥放進咖啡裡，不一會兒，他就倒在椅子上，再也爬不起來。我對外宣稱他暴病而死，拿到五千英鎊人壽保險金，也繼承他的全部財產。第二次，我又用同樣的方法，得到八千英鎊的人壽保險。現在，你是第三個⋯⋯」黛安娜說完，指了指桌上的咖啡杯。

查理斯聽到這裡，嚇得臉色慘白，用手拼命地摳自己的喉嚨，一邊歇斯底里地尖叫道：「咖啡！怪不得咖啡那麼苦，原來⋯⋯」

他邊吼叫，邊向黛安娜撲過去。

　　黛安娜一邊向後退，一邊鎮定地說：「是的，我在咖啡裡下了毒。現在你的毒性已經發作了，不過，你喝得不多，還不至於馬上死去。」

　　查理斯受不了這沉重的打擊，一下子就昏倒在地，這時候，她的好友傑克也帶著警察趕到了。

　　黛安娜給丈夫喝的咖啡並未下毒，但是她的丈夫查理斯聽到她放往咖啡裡加了毒藥以後，一下子就嚇昏了。

　　黛安娜對付查理斯的方法，在心理學上叫「暗示」。

　　美國精神科醫師米爾頓·艾瑞克森曾說：「如果你接受某項價值觀或信念，不管正面負面，這項價值觀與信念對你的影響，將如催眠一樣的強烈。」

　　黛安娜的丈夫因為恐懼的「暗示」，竟然被自己嚇暈，可見「暗示」的力量多麼有威力。

　　這樣說來，人的性格並非與生俱來，而是被長期的慣性思考所影響。那麼一個沒有自信的人，也能藉著自我暗示，改善信心不足的部分。

　　從今天起，不妨給自己一些小小暗示，多給心靈正面的鼓勵，改變過去不好的思考方式，你也可以開創新的生活。

尊重他人也是尊重自己

不管是多有權威的人，都沒有高貴到可以忽視、看輕一個人的地步。尊重每一個人，也是尊重自己的一種方式。

有一年，澳洲航空董事長傑克森女士搭機到美國時，因為公事包裡帶著民航機圖表，被懷疑是謊報身分的恐怖份子。

「妳怎麼會有這些東西？」安檢人員問她。

「我是澳洲航空的董事長。」傑克森女士回答。

「可是，妳是個女人。」安檢人員不相信女人可以經營一家航空公司，也讓偵查身分的過程更加複雜。

傑克森女士出示身分證明文件之後，接著便拿出印著頭銜的專屬信籤，寫了一段話給這個名叫比爾的安檢人員：「親愛的比爾，這是澳洲航空董事長寫給你的，她是個女性。」

有一天，一位四十多歲的中年女人帶著一個小男孩，走進美國著名企業「巨象集團」總部大廈樓下的花園，坐在一張長椅上開始訓話起來。不遠處則有一位頭髮花白的老人正在修剪灌木。

忽然，中年女人從隨身包包裡拿出一團衛生紙，一甩手將它拋到老人剛修剪過的灌木上。老人詫異地看了中年女人一眼，她也高傲地回望著他。老人什麼話也沒有說，走過去拿起那團紙扔

Change your mindset
to flip the future
037

進一旁的垃圾桶。

過了一會兒，中年女人又將一團衛生紙扔了過去。老人再次走過來把紙拾起來扔到垃圾桶，然後回原處繼續工作。可是，老人剛拿起剪刀，第三團衛生紙又落在他眼前的灌木上。

就這樣，老人一連撿了七次那中年女人扔出的衛生紙，但始終沒有露出不滿和厭煩的神色。

「你看見了吧！」中年女人指了指修剪灌木的老人對男孩說：「我希望你能明白，如果你現在不好好上學，將來就會像他一樣沒出息，只能做這些卑微低賤的工作！」

老人放下剪刀走了過來，對中年女人說：「夫人，這裡是集團的私家花園，按規定只有集團員工才能進來。」

「那當然，我是『巨象集團』所屬一家公司的部門經理，就在這座大廈裡辦公！」中年女人高傲地說著，同時掏出一張證件朝老人晃了晃。

「我能借妳的手機用一下嗎？」老人沉吟了一下說。

中年女人極不情願地把手機遞給老人，同時又不失時機地開導兒子：「你看這些窮人，這麼大年紀了，連手機也買不起。你今後一定要努力啊！」

老人打完電話後把手機還給了婦人。很快地，一名男子匆匆跑過來，恭敬地站在老人面前。老人對那個男子說：「我現在提議，免去這位女士在『巨象集團』的職務！」

「是，我立刻按您的指示去辦！」那個男子連聲應道。

老人吩咐完後朝小男孩走去，輕撫男孩的頭，意味深長地說：「我希望你明白，世界上最重要的事，是要學會尊重每一個人。」說完，老人緩緩離去。

中年女人被眼前突然發生的事情嚇呆了。她認識那個男子，

他是巨象集團最高階的人事主管。

「你……你怎麼會對這個老園工那麼尊敬呢？」中年女人大惑不解地問。

「妳說什麼老園工？他是集團總裁詹姆斯先生！」

中年女人一聽，癱坐在長椅上。

以前有一部日劇描述公司最基層的一群員工，工作是處理公司大小雜事，包括換燈管、分送郵件，以及補充廁所衛生紙。全公司的人都看不起這個部門，可是公司中有許多危機都是靠她們的力量解決的。

雖然情節誇張了點，卻告訴我們一個很正確的道理：每一個改變或影響，都是從最細微的地方開始，必須尊重每一個個體。

不管是多有權威的人，都沒有高貴到可以忽視、看輕一個人的地步。更不用說用言語、動作去侮辱他人，即使對方只是個不起眼的「園丁」。

所謂「人不可貌相」，除了告誡人們不能以外表來判斷一個人之外，更是提醒人們，不管對方身分、地位、性別為何，都必須給予基本的「尊重」。

尊重每一個人，也是尊重自己的一種方式。

不計較，幸福才會牢靠

> 我們總希望對方能為自己「多付出一點」，而不是自己能付出多少，真愛了，就別太計較付出多少。

每次在風景區看到人們拍婚紗，總是忍不住停下腳步多看幾眼。

看著頂著大太陽、穿著不便卻滿臉洋溢著幸福笑容的美麗新娘時，總讓人有點羨慕又感慨。此時，卻總是剛好會有個不識相的人大煞風景地說：「你猜，他們什麼時候會離婚？」

不是人們有意「唱衰」婚姻，而是現代人的離婚率高居不下，讓人不免如此臆測。或許是現代的環境和人們的自主性，讓婚姻更突顯出現實的殘酷面。

有一對新婚夫妻決定離婚。

他們之間並沒有什麼相處上的大問題，只因為彼此都沒耐性，經常為了一點雞毛蒜皮的小事吵架。

例如，女人認為兩個人都有工作，為何男人下班之後不會幫忙做家事，即使幫忙了，也是隨隨便便應付，反而把家裡弄得天翻地覆，更加髒亂。

所以，女人認為男人沒有照顧自己的能力，更不用說照顧她

了。什麼愛不愛的，都只是虛浮不實的言語。

　　一連幾天他們都沒有和對方說過一句話，男人賭氣搬進公司宿舍，只剩女人一個人守著空蕩蕩的家。

　　晚上，女人打開電腦，忽然收到一封丈夫發來的郵件。裡面的話並不多，只是敘述他剛剛所看到的一幕。

　　男人公司所在的那條街上有一對中年夫妻，丈夫是個孤兒，從小靠撿破爛為生；妻子是個精神病患，平時一切正常，發起病來就想往外面跑。這天，他看到那個丈夫又在街上拼命拉回自己的妻子。妻子往外用力，丈夫往裡用力，他倆沒有任何爭吵。妻子臉上可見精神病人常有的瘋癲表情，丈夫的臉上卻沒有任何無奈與煩躁，而是神情坦然。

　　男人在郵件中寫道：「我看到他們在街上來回拉著，兩個人都在用力，路邊的人一如往常般大笑著，可是我卻落淚了。親愛的，他們連一件像樣的衣服都沒有，連一頓最基本的飯都成問題，尚有一個清醒的人懂得守住夫妻之道，不離不棄地走過來。我們生活無憂、神志健全，為什麼反而做不到呢？」

　　男人最後寫道：「寶貝，我愛你。」

　　女人來不及關上電腦，披上外衣，流著淚往外跑。她只想用最快的速度，認真地擁住、找回她最愛的人。

　　很多時候，爭執往往來自於「想得太多，做得太少」，我們總希望對方能為自己「多付出一點」，而不是自己能付出多少。

　　婚姻中需要的不只是浪漫愛情和性愛關係，更需要親情和友誼的輔助，使生活的每一個層面互相調適、彼此合作。只有成熟的愛，才能讓激情過後的婚姻走上平穩之路。

　　有句話這麼說：「永遠不要在戀情或婚姻中強求什麼，因為愈想抓著不放，愈容易失去。」

　　既然選擇進入人生的另一個階段，就該相信婚姻的價值是無法用世俗的標準來評斷的。

　　真愛了，就別太計較付出多少。拿出實際行動去愛吧，因為「幸福常是努力的結果」。

PART₂

別提前宣判自己死刑

看一看外面的世界，你會發現，原來有人比你更加悲慘，
但他們都能走過來了，你又有何不能？

再失意，也別失去意志力

生命的活力與生活的積極，才是人生的真正意
義。不管人生再怎麼失意，也別讓自己失去自
主的生活能力。

大多數人在失意時，最容易迷失自己。既失去了堅強的意志，
也早早放棄了自己，更會對週遭的事物漠不關心，即便是地上的
小圖釘扎到了腳，他們恐怕一點感覺也沒有吧！

失業中的賈庫‧拉裴薩托，為了想儘快找到養家活口的工作，
每天都非常辛苦地四處奔走。

這天，賈庫鼓起勇氣來到一家銀行，詢問是否有工作機會，
但接待人員的態度非常冷淡，看了看賈庫帶來的個人資料後，什
麼話也沒說，就叫他離開接待室。

賈庫心想，希望恐怕又要落空了，已經找工作找得心灰意冷
的他，只好失魂落魄地朝著銀行大門走去。當他準備跨出大門時，
發現有枚大頭針正好掉落在地上，覺得這對進出的人員很危險，
於是，立即彎下腰把大頭針撿了起來，並隨手將它丟進了垃圾桶，
這才帶著黯然的神情離開。

但是，賈庫萬萬沒有想到，當他彎腰拾起大頭針時，正巧被
剛進門的銀行董事長看見了。董事長心想，這麼細心的人非常適

Change your mindset
to flip the future
045

合當銀行職員，當他從接待人員那裡得知，這個年輕人是來求職的之後，決定破例錄用賈庫。

當賈庫收到銀行的錄取通知書時，還不敢相信這是真的。

開心的賈庫進入金融界後，非常忠於職守，工作仔細而認真，也深得上司的賞識。過了幾年，這個出身低微的小職員，還坐上了銀行總裁的寶座。

或許你會認為，彎個腰撿起地上的大頭針這樣的小動作，只不過是體貼別人的行為，並不算什麼實力或特殊能力，賈庫又有什麼值得大書特書的呢？

賈庫值得讚許是因為，即使人生再失意，他也沒有讓自己失去自主的生活能力，他仍然能看見生活裡的小細節，懂得關懷別人，彎腰這個小動作所表現出來的，正是他堅強的意志力。

生命的活力與生活的積極，才是人生的真正意義，如果你連小小的大頭針也懶得彎腰拾起，或視而不見的話，又如何能將自己規劃好的未來，仔細且按部就班地實現呢？

改變心態才能翻轉未來

我們之所以會擁有這麼多東西，是因為我們經常拋棄舊事物，藉由汰舊換新，讓我們得以享受更好的生活品質。

——企業家A・史隆

試著把缺點變賣點

不要老是為了一些芝麻小事動氣，事情都已經
發生了，不如動腦想想有何解決之道，或是如
何將妥善運用，將缺點變成賣點。

　　許多名人的成功事蹟中，機遇往往扮演著相當重要的角色。

　　人的一生當中會有許多機遇降臨，只不過，由於機遇通常是
由諸多複雜因素交織而成的，所以，不少人在機遇降臨的剎那卻
仍然懵懂無知，白白錯失了成功的機會。

　　鴻池是日本著名的清酒製造商，然而，他剛開始經商時，只
不過是個奔走於大阪和東京間的小商人。據說他之所以能從一個
小商販，一舉成為大富豪，有著這麼一段陰錯陽差的傳奇故事。

　　有一天，鴻池來到酒坊視察工人們的工作情況，沒想到卻發
現有個工人正在偷喝米酒，於是他走上前去，狠狠地責罵了這個
工人一頓，還了扣他半個月的工錢。但是，這個工人一點也不認
為自己有錯，還辯稱他是要試嚐新釀米酒的滋味，老闆實在沒有
理由罰扣他的工錢。

　　鴻池看著這個員工強詞奪理的態度和反應，心想：「這傢伙
這麼不老實，不宜讓他繼續留在這裡幫忙。」

　　於是，他毫不客氣地叫這個工人收拾東西，立即離開酒坊。

　　這個與僱主發生摩擦的工人，收到解僱的命令後，心中十分惱怒，心眼狹小的他，臨走前決定要報復鴻池。於是，他抓了一把火爐的灰燼，偷偷地撒進米酒桶中，當報復的動作一完成，便開心而迅速地離開酒坊。

　　當時，日本生產的米酒帶點混濁，這工人心想，撒進了火爐灰，那麼米酒會更加混濁，肯定賣不出去了。但是，事情卻出乎意料之外，隔天鴻池來到放置米酒桶的工作坊查看，卻發現一件從來沒有見過的事。

　　原來，火爐灰已經沉到了酒桶底部，而在沉澱物上層的米酒，卻變得非常澄清透明。

　　他知道這一定是離職工人幹的好事，不過當他專注地看著桶裡的清酒時，對於工人蓄意報復的惱怒，已然全拋到九霄雲外。因為，他在轉念間想到，如果能把混濁的米酒變成透明的清酒，一定會非常暢銷。

　　於是，鴻池立即把爐灰可以澄清酒品的新發現，拿來做開發清酒的研究和實驗。經過多次的改進和試驗，終於發明了一種高效實用的濁酒清化法，他將這個新酒品命名為「日本清酒」。

　　他還推出這了這麼一個廣告：「喝杯清酒，交個朋友。」

　　當清酒上市後，消費者的眼睛為之一亮，各家餐館、飯店紛紛大量訂購，大家更把這個「日本清酒」視為宴客時必備的酒品。

　　這個不甘心被開除的工人肯定沒有想到，這個報復動作，反而幫了鴻池一個大忙，讓他研發出製造清酒的方法而發財致富。

　　當然，如果鴻池只顧發怒，沒有仔細觀察酒裡的情況，或是沒想到清酒的賣點，那麼他仍然會與發財的機遇擦肩而過。

　　鴻池發明清酒的故事，無疑告訴我們，應該睜大眼睛看世界，不要老是爲了一些芝麻小事動氣，事情都已經發生了，不如動腦想想有何解決之道，或是如何將妥善運用，將缺點變成賣點。

　　因爲，也許這將是另一個「弄拙成巧」的奇蹟。

改變心態才能翻轉未來

麻煩所帶來的智識上的功用就是讓人能夠思考。如果懂得思考，那麼，你所付出的代價就會減少。

——國際金融家索羅斯

Change your mindset
to flip the future
049

你的命運交響曲由你來指揮

人的命運是可以改變的，隨著客觀環境的變化，隨著個人的主觀努力，你也可以親自指揮一場動聽的命運交響樂。

當一個人對生命感到徬徨無助，而伸出手心，請人算命之時，其實正代表著他失去了對自己生命的掌控權。

很多人相信命運，但卻不了解什麼是命運？

已故的日本歷史作家司馬遼太郎提出一個觀點：所謂的命運，事實上就是運行不止的生命；命運不是既定的宿命，而是隨時都在變動的行程。看待命運的態度不同，人生自然會有迥然不同的發展。

貝多芬是備受推崇的世界級音樂大師，然而他的音樂之路與輝煌成就，卻始終與不幸結伴而行。

法國文豪羅曼羅蘭在《貝多芬傳》裡描述，童年時代的貝多芬，不僅沒有得到母愛，更鮮少能有機會飽餐一頓。

到了青年時代，貝多芬的日子依然過得非常清貧，也得不到愛人的垂青。二十六歲那年，更遭遇了生命中最嚴重的打擊。

那時的貝多芬，正值黃金時期，因為他的音樂天分開始受到矚目，但不幸的是，他竟然罹患了中耳炎，聽力開始急遽減退。

　　身為一個音樂家，喪失了聽覺，可說是件生不如死的打擊。

　　當時，貝多芬曾經難過地對友人說：「當身邊的人能聽見遠處的笛聲，而我卻聽不見時，這是件多麼痛苦的事！」

　　為了不讓人們發現自己耳聾，貝多芬從此不再參與任何社交活動，獨自躲進一個寂靜的世界。

　　然而，殘酷的命運並沒有讓貝多芬消沉，反而激發他的旺盛鬥志，在音樂創作的領域中加倍努力。

　　在耳朵發生嚴重聽覺障礙後的五年內，貝多芬陸續創作出包括〈第一交響曲〉等幾十首著名的樂曲。

　　隨著耳聾的情況越來越嚴重，貝多芬的創作天分反而進入了全盛期。

　　在這段期間內，貝多芬創作了大量優秀的作品，例如第三和第八交響樂章、第四和第五鋼琴協奏曲，以及〈黎明〉和〈熱情〉……等著名的鋼琴演奏曲，為音樂世界開闢了一個嶄新的時代。

　　完全失去聽覺後，貝多芬仍然繼續著音樂創作與指揮排練。

　　為了能準確知道鋼琴的演奏情況，他準備了一根細棒倚在鋼琴上，另一端則用嘴咬住，如此一來，琴弦的振動便會傳到棒子，再由齒骨傳到內耳，那麼他便能準確判斷音律是否正確。

　　完全耳聾的貝多芬，透過音樂生動地表現他扼住命運咽喉的吶喊，創作出不朽的〈命運交響曲〉。

　　德國哲學大師恩格斯聽到這首命運交響曲時，內心非常激賞，他在寫給妹妹的一封信中說道：「我敢保證，妳一輩子也沒有聽過這樣震撼心弦的交響樂曲，〈命運交響曲〉每一樂章都清楚展現了動人的生命面貌，似乎貝多芬的一生全都寫在這個交響樂中了。」

　　追溯許多不平凡人物的生平，沒有一個不是從最平凡時出發，為什麼他們能成為不平凡的人？

　　因為，他們知道命運不是宿命的輪迴，而是隨著自己的心境而變動的，生命不是既定的流程，而是操控在你手上的方向盤，你想往什麼方向去，人生的道路便會朝著那個方向延伸。

　　貝多芬努力用他的雙手，創造他的人生，也許宿命論者會說，這是他「時來運轉」，但他的成功真的只是幸運而已嗎？沒有不斷的自我超越和剛毅不撓的堅強鬥志，他又如何能成為人人景仰的「樂聖」？

　　人的命運是可以改變的，隨著客觀環境的變化，隨著個人的主觀努力，你也可以親自指揮一場動聽的命運交響樂。

改變心態才能翻轉未來

當你看到一個銀行家從窗戶跳出去的時候，馬上跟著他做，因為，他會這麼做一定是有利可圖。

——法國思想家伏爾泰

逆境，正是通往成功的階梯

人生是自己的，唯有你才能掌控自己的命運，
只要肯努力，我們所跨出的每一個步伐，一定
都能邁向成功的目標。

　　每個人身上都有兩種力量，一種是向上躍昇的創造力，使人
面對逆境的時候，仍然咬緊牙關勇往直前。

　　另一種則是向下拖陷的破壞力，使人遭遇困境時放棄自己，
墮落成一個可有可無的卑微人物。

　　美國總統亨利‧威爾遜，出生在一個很貧困的家庭。

　　雖然，他的父母親都非常努力的工作，但一家人的生活，卻
總是處在衣食匱乏的情況下。

　　十歲的時候，威爾遜離開了家鄉，到外地當了十一年的學徒。
在當學徒的期間，每年他只有一個月的時間可以上課學習，儘管
機會不多，但每一次學習的機會他都非常珍惜、努力。

　　經歷了十一年的學徒生活後，在他離職前，老闆送了一頭牛
和六隻綿羊給他，作為十一年來的報酬，後來威爾遜便把牠們換
成八十四塊美元。

　　威爾遜把辛苦賺來的每一塊錢都存了下來，從來沒有花費任
何一毛錢享樂。

　　對他而言，生活像是拖著疲憊的腳步，在漫無盡頭的崎嶇山路上行走，但是他知道，只要自己肯努力，總有苦盡甘來的一天。

　　二十一歲時，威爾遜帶領著一隊伐木工人，來到人跡罕至的森林裡，替業主砍伐樹木。

　　每天清晨，他都得在第一道曙光出現之前來到樹林，然後勤奮地工作到天黑為止。

　　如此日以繼夜地辛苦工作，他總共才獲得了六塊美元的微薄報酬，但這對他來說，已經是一筆大數目了。

　　在這麼窮困的環境中，威爾遜從不灰心洩氣，他下定決心，絕對不讓任何學習或提升自我的機會溜走，因此，所有零碎的時間都被他化整為零，緊緊捉住。

　　一有時間，他便不斷地充實自己，提升自己的能力，隨時準備迎接即將出現的任何機會。

　　生活的種種痛苦與磨難，是人生擺脫貧窮，走向富足的契機。

　　逆境對威爾遜而言，正是他成功的階梯，生活再艱困，都無法阻擋他掌握自己命運的信心，因此，他珍惜自己靠勞力賺來的微薄金錢，也懂得運用寶貴時間努力充實自己。

　　威爾遜從窮家子弟爬升到總統的位置，無疑告訴我們：人生是自己的，唯有你才能掌控自己的命運，只要肯努力，我們所跨出的每一個步伐，一定都能邁向成功的目標。

　　作家戴特立曾經寫道：「把黃昏當成黎明，時間就會源源而來，把吃苦當作吃補，成功就會不斷湧現。」

　　一步一步往自己設定的目標前進，如此，每一步都能創造奇蹟！

不要畏懼前面的道路有什麼艱難，多給自己多一點信心和勇氣，展開實際行動，永遠比一大堆紙上作業重要。

改變心態才能翻轉未來

競爭的優勢並不在於你能做別人已經做得很好的事情，而是你能做別人做不了的事情。　　——經濟學家約翰・凱

Change your mindset
to flip the future
055

「死纏爛打」是行銷的最高境界

不要害怕熱臉貼冷屁股，只要你能力夠強，死
纏爛打堅持下去，即使是最頑強的對手，終有
一天也會被你征服。

許多富豪都知道，成功的法則其實很簡單：「只要設定目標死纏爛打，拗到最後，成功就是你的。」

問題是，你的能力夠強，臉皮夠厚，腦袋夠聰明嗎？你能夠毫不在意地看待眼前的失敗挫折嗎？

科爾曾經是一家報社的職員，剛到報社當廣告業務員時，對自己充滿了信心，甚至還向經理提出不要薪水，只從爭取到的廣告費中抽取佣金的建議。

經理聽了這番話，當然立即答應了他的請求。

開始工作之後，他列出了一分長長的名單，準備逐一拜訪這些名單上的重要客戶。不過，其他業務員看見他列出的名單時，全都認為他一定是瘋了，因為他們認為要爭取到這些客戶，簡直是天方夜譚。

開始拜訪這些客戶前，科爾把自己關在房間一天，並站在鏡子前，把名單上的客戶唸了好幾十遍，然後對自己說：「在這個月月底之之前，你們一定全部會向我買廣告的版面。」

接著，他帶著堅定的信心，開始拜訪名單上的客戶。

第一天，他用了各種溝通方法和推銷技巧，與二十個「不可能的」客戶中的三個談成了交易。接下來，兩天內，他又成交了兩筆交易。

很快地，月底的期限已經到了，科爾幾乎大獲全勝，因為有十九個人都搞定了，只剩一個還不願購買他的廣告。

能夠成功說服十九家客戶，對許多人來說已經是非常好的成績了，所有人都非常佩服他，但是，科爾仍不滿足，對於漏失掉的那一位仍不放棄，鍥而不捨地堅持要把最後一個客戶也爭取過來。

第二個月，科爾沒有去發掘新客戶，每天早上他都會前去找那個拒買廣告的客戶。但是，這個商人每天都只回答：「不！」

不過，聰明的科爾每次都假裝沒聽到，然後繼續地勸說，直到將近月底，這個已經連說了三十天「不」的商人，口氣終於緩和了些：「你浪費了一個月的時間，來請我買你的廣告，請問你為何要這樣做？」

科爾說：「我並沒有浪費時間，其實我每天仍在上課！你就是我最好的老師，從你的拒絕之中，我不斷訓練自己，讓自己在逆境中堅持下去。」

那位商人聽完點點頭，笑著對科爾說：「照你這麼說，我也等於在上課，而你就是我的老師。如今，你已經教會了我如何『堅持到底』，對我來說，這比金錢更有價值，為了向你表示我的感激，我就買你的一個廣告版面，當作我付給你的學費。」

容易為眼前的不如意沮喪，是失敗者最常見的弱點。

Change your mindset
to flip the future
057

在攸關勝負的關鍵時刻，擊敗自己的那個人往往不是別人，而是無法當機立斷、患得患失、猶豫不決的自己。

科爾憑著堅持到底的精神達成了目標，其實正是實踐著「死纏爛打」的方法。

在生活和事業中，我們往往缺乏這種精神，因而與成功失之交臂。

因此，千萬不要害怕熱臉貼冷屁股，只要你能力夠強，臉皮夠厚，死纏爛打堅持下去，即使是最頑強的對手，終有一天也會被你征服。

改變心態才能翻轉未來

成功並非僅僅靠著篩選過往的灰燼而已，而是要盡快開發及耕作培育未來的肥沃土地。　　　——A・格拉梭

運用巧思創造雙贏

只要管理有方，所謂的社會效益與經濟利益就
能並存，正如這家觀光飯店的「紀念樹」規
劃，兼具了建設與行銷。

我們經常會在許多旅遊區裡，發現缺乏公德心的遊客們，在
樹上刻下自己的名字作為紀念。

但是，怎麼沒有人想到，開闢一個能夠讓遊客們種植紀念樹
的區域呢？

這樣，不僅能解決遊客們的破壞行為，還能建立起人們對自
然環境的尊重。

日本鹿兒島有一間著名的觀光飯店，曾經別出心裁地推出「紀
念樹」，而使得生意興隆。

這家飯店剛建成時，臨近有一片光禿禿的山坡地，老闆幾經
思考與設計後，決定將它規劃成一座小型休閒公園，打算在裡頭
種滿花草樹木，以便美化環境。但是，由於工人們的薪資很高，
加上整地、植樹也需要一筆資金，因而這項計劃一直被擱置著，
遲遲沒有動工。

有一天，這家觀光飯店的西村經理，突然想出了一個不必花
錢的妙招。

Change your mindset
to flip the future
059

他在飯店前貼出一張顯目的告示，上面寫著：「親愛的旅客，如果您想在此地留下永久的紀念，可以到後山上，種植一株新婚或旅遊紀念樹，我們只酌收樹苗的成本費。您還可以將自己和親友的姓名，刻在我們免費提供的木牌上，然後立在您親手種植的樹苗身旁，讓您的情誼和樹苗一起茁壯、成長。」

觀光客看到這則告示之後，大都非常感興趣，認為這要比購買紀念品來得有意義多了。

於是，大家紛紛在這裡植下了樹苗，不久山坡地上種滿了各種樹苗，渡蜜月的新婚夫妻，合種下甜蜜的「同心樹」，學生們種下了「友誼之樹」，一家人則種下了「合家歡」的紀念樹……

每一個到此地遊玩的旅客，為了留下美麗的記憶，個個都非常熱情地參與這項植樹活動。

幾年後，原本光禿禿的山坡地變得綠意盎然、萬紫千紅，飯店不僅從植樹的費用中，獲得了不少經濟效益，更因為旅客們對自己親手植下的樹苗，有著幾分情感，還會經常回飯店旅遊、居住，為飯店的永續經營奠下了基礎，可說是一舉數得。

華德·迪士尼曾經寫道：「我一貫的理念是，只要產品充滿創意，那我就有把握將顧客的錢吸過來。」

想要成功致富，秘訣就在於換個思考模式，想出讓人拍案叫絕的方法，這個方法就會像「魔法」一樣，讓顧客主動從口袋掏出錢來。

這家旅館推出的「紀念樹」，不僅輕鬆解決山坡地綠化的經費問題，同時也是很有環保概念的創意。

只要管理有方，所謂的社會效益與經濟利益就能並存，正如

這家觀光飯店的「紀念樹」規劃，兼具了建設與行銷。

　　所以，只要別具巧思，雙腳踩踏的都會是邁向成功、永續經營的未來。

遭受巨大壓力或不幸時，最好讓自己忙起來，把你的憤怒和精力用在最有幫助的事情上。

　　　　　　　　　　　　　　——企業經理人李·艾科卡

Change your mindset
to flip the future
061

別提前宣判自己死刑

看一看外面的世界，你會發現，原來有人比你
更加悲慘，但他們都能走過來了，你又有何不
能？

身陷逆境的時候，別提前宣判自己死刑。

應該讓自己的心境保持平靜，讓自己的頭腦保持清醒，如此
才不會被負面情緒侵噬，也才能看清成功的機會，不致於淪爲卑
微猥瑣的人。

一個又一個接踵而至的意外，令波特遭受到前所未有的打擊，
由他一手創辦的工廠，最後也宣告破產了。窮困潦倒的波特不但
身無分文，還欠了一屁股債，更現實的是，自從陷入困境以後，
許多朋友都紛紛離他遠去。

一直把事業視爲生命的波特，覺得人生所有的希望都破滅了，
對於生活也失去了動力。

心灰意冷的他，決定要以死亡做爲了結。但是，在結束一切
之前，他卻想完成一趟旅遊。

選定自殺日期後，波特便開始了這趟「自殺之旅」。然而，
當他來到薩倫船舶博物館參觀時，忽然從灰暗的情緒中醒悟，決
定放棄自殺的念頭。

為什麼會有這麼大的轉變呢？

原來，波特在船舶博物館裡，看到一艘外殼凹凸不平、船體完全變形的帆船，心中產生了激勵作用。

他讀著一旁的解說文字，才明瞭這是一艘屬於荷蘭福勒船舶公司的帆船，它在一八九四年下水後，不僅在大西洋上經歷了一百三十八次的冰山撞擊，還觸礁了一百一十六次，而且還曾經著火十三次，遇上二十七次的暴風雨。

雖然，它經歷了這麼多不可思議的險境，但卻沒有沉沒，依然呈現在人們的眼前，展示它另一番生命的韌性。

仔細讀著這些紀錄，波特的心中激起了振奮，他對自己說：「生活本來就會遇到許多意想不到的災難，我才剛遇到人生的第一趟災難，怎麼能這麼快就被擊垮了？我一定要堅持下去，重新再站起來，我一定能再創成功的奇蹟！」

回到家後，波特重振旗鼓，開始嶄新的人生與事業。

幾年後，波特面對卓然有成的工廠，感性地對著旗下上千名員工說：「人生就像大海中航行的船，難免會遇到風浪，只要我們能在逆境中堅持，不斷開拓前進，成功一定是我們的。」

沒有什麼事比動不動就要自殺更加愚蠢的了。

每個人的生命旅程都會遭遇困境，遇到難題時，只知道坐以待斃，不肯找出解決的方法，這是最不值得同情的行為。

自殺，充其量只是一種逃避行為，完全不是解決的方法。

近來，許多人因為失業，因為生活的壓力，紛紛把自己與世隔離，自陷於封閉思維中，或是親手掐著自己的脖子，卻又露出哀求的眼神，要別人為他解開。但是，自己都不肯幫自己了，旁

Change your mindset
to flip the future
063

觀者要怎麼幫忙？

　　就算有人願意伸出援手，但是，架在脖子上的雙手，往往越掐越緊。

　　天助自助者，當你悶得透不過氣時，出去走走吧！

　　看一看外面的世界，你會發現，原來有人比你更加悲慘，但他們都能走過來了，你又有何不能？

改變心態才能翻轉未來

要衷心感謝那些挑剔、苛求、喜歡問些尷尬問題的顧客們，因為，他們會使我們更努力。　　——戴爾電腦創辦人戴爾

做自己的生活專家

試著用自己眼睛看世界，用自己的判斷去實踐
每一件事，慢慢地，你便會發現，你也可以成
為自己專屬的生活專家。

　　每個人的視野都會有盲點，生活之中也會遭遇無法解決的難題，所以，我們會尋求所謂「專家」或「學者」的建議，因為我們相信，以他們的學識與權威，一定能為我們指出一條明路。但是，事實上真是如此嗎？

　　在一場歐洲音樂指揮大賽中，有三位指揮家進入最後決賽，其中一位是世界著名的日本指揮家小澤征爾。決賽時，他照著評審委員會提供的樂譜進行指揮，卻發現樂譜中有個錯誤。

　　小澤征爾本來以為是樂隊演奏時出差錯，便立即停下指揮，要求重新演奏，但是仍然無法讓他滿意。這時，有位評審委員鄭重地指出，樂譜並沒有問題，全是小澤征爾的錯覺。面對這位音樂界的權威，小澤征爾對自己的判斷有些猶疑，但是幾經思考後，仍然十分肯定地說：「這分樂譜有誤！」

　　話一說完，評審席上立即傳來了熱烈的掌聲。

　　原來，這是評審委員們故意設計的「圈套」，用來考驗這三位指揮家在發現樂譜有所錯誤，並遭受權威人士否定他們的判斷

時，是否能夠堅持自己正確。

在此之前，其實另外兩位參賽者也發現了這個問題，但他們卻懾服於權威，誤入「圈套」，最後慘遭淘汰。

只有小澤征爾沒有被騙倒，因爲他跳脫了一言堂式的權威迷思，清楚看見音樂世界裡的是非對錯，也因此成爲最有資格獲得這次比賽桂冠的指揮家。

如果，你是個跟著生活前進的人，不妨多給自己一些信心，成功的道路上會有許多陷阱，不要一味地聽取別人的指引，也許他們給你的會是一個深不可測的「圈套」。

圈套也許不是別人故意設置的，但是，因爲你的不知變通，不相信自己的判斷，便會不自覺地掉了進去。

別太迷信權威，如果你是個缺乏獨立性與自主精神的人，從現在開始，試著用自己眼睛看世界，用自己的判斷去實踐每一件事，慢慢地，你便會發現，你也可以成爲自己專屬的生活專家。

改變心態才能翻轉未來

你應該謹慎地思考，然後採取果斷行動；平時，你或許可以猶豫不決，但是面臨關鍵時刻，就必須有所決斷。

——經濟評論專家柏恩斯坦

借力使力的行銷妙招

在迅速無常的現在商場中，想靠著「一雙腿和
一張嘴」的原始行銷手法來打開銷路，必然無
法有所建樹。

多元化的傳播模式，衍生出多元化的行銷招式，不管是想要
借力使力，還是希望強化競爭優勢，都必須花費一番巧思。

不管你假借什麼名目，只要能吸引消費者的目光和增加產品
的能見度，都是最好的行銷手法。

二十世紀五〇年代中葉，法國有一家製酒公司，決定將生產
的名酒「白蘭地」外銷到美國，但是，當時「白蘭地」在美國完
全沒有名氣，是一項沒沒無聞的產品，要如何才能打動美國消費
者的心呢？

當製酒公司高階主管為此事傷透腦筋之時，聽說美國總統艾
森豪，即將歡度六十九歲生日，於是他們透過電視、報紙等媒體，
不斷推出行銷廣告，指稱法國人民為了表達對美國人的友好，和
對美國總統的推崇與尊敬，特別贈送兩桶酒齡有六十九年的陳年
白蘭地，做為總統的賀禮。

由於，各大媒體都以大篇幅報導此事，「白蘭地」很快地便
吸引了美國大眾的目光，開始對這個白蘭地產生了好奇。

Change your mindset
to flip the future
067

到了艾森豪總統生日當天，法國公司還特別租了架專機，將這個特別的賀禮送到美國。

沒想到，當這兩桶被紅色緞帶裝飾的法國名酒被抬下飛機時，竟然吸引了好幾萬人來圍觀。一時之間，關於名酒專程空運送達美國的報導、新聞畫面，甚至是專欄特寫等等，都佔滿了當天的各個版面。

很快地，「白蘭地」便打入了美國市場，甚至成了酒中極品。

福特汽車的創始人亨利‧福特曾經提醒所有的企業經營者：「商場就有如戰場，爭取時機就是致勝之道。」

白蘭地公司為了打開美國市場，所使用的商戰策略是「借力使力」，透過為艾森豪總統祝壽的方法，達到攻城掠地的廣告效用。

在迅速無常的現在商場中，想靠著「一雙腿和一張嘴」的原始行銷手法來打開銷路，必然無法有所建樹。唯有運用智慧巧妙掌握身邊的每個機會，才有可能更快速成功。

改變心態才能翻轉未來

當被問及如何才能贏得賽馬時，聰明的老教練會告訴你：「先生，你唯一要做的事就是一馬當先，並且快馬加鞭。」

——銀行家魯道夫

PART③

不放棄，才會有奇蹟

如果能把每一次挑戰都當成最後一次希望，就不會放棄任
何可以成功的機會，只要不放棄，就會有奇蹟出現的可能。

生命有熱情便充滿力量

當工作不再是單純為了物質上的追求，而是為
了扮演好自己的「天職」，此時工作帶來的便
是難以言喻的快樂。

近代實驗科學的始祖，哲學家法蘭西斯‧培根去世之前，正
在研究食品的冷凍和防腐辦法。

他殺了雞，用冰雪填滿了雞胸，等做完這些事時，幾乎是被
人抬入屋內。一直到臨終之前，他還一心惦記著防腐實驗，口中
喃喃自語：「我的凍雞怎麼啦？」

法國數學家鮑休埃病危時，連回答別人問話的力氣都沒有了。
可是，當朋友問他：「鮑休埃，十二的平方是多少？」他卻能用
微弱得幾乎聽不到的聲音回答：「一百四十四。」

是怎麼樣的力量，讓這些人在臨終前還如此專心致力於自己
的工作？

這是因為，那些工作是他們所喜愛的，喜愛到不顧一切。

法國戲劇家莫里哀的新作《心病者》，在一六七三年二月十
七日於巴黎皇家大劇院上演。

由於這次將由作者親自演出劇中的主人翁，所有喜愛戲劇的
巴黎人為此爭相購票，盛況空前。

　　在開演前，莫里哀的妻子正在後台憂心忡忡地苦勸他：「你病得那麼重，就不要上場了吧！」

　　原來，那時他的肺病已經非常嚴重了，但是他仍堅持抱病登台。就在上台的前一刻，莫里哀握著妻子的手像交代後事般對她說：「在我的生活裡，快樂與痛苦相等的時候，我始終覺得幸福。但是，今天我的痛苦如此深，又不能冀望有滿意和甜蜜的生活，我知道我應該放棄我自己的生命了。」

　　燈光一打，台下響起熱烈的掌聲，莫里哀登場了。劇中主角「心病者」是一個掛著醫生招牌的江湖騙子，總是沒病裝病，但飾演這角色的莫里哀卻真的有病，經常痛苦地皺眉咳嗽，觀眾還以為是他表演得逼真，就熱烈地鼓掌喝采，卻沒有人知道，他在演出時正承受著巨大的痛苦。主角的形象在「假戲真做」的情況下，塑造得十分鮮明。

　　直到進行到第四場，莫里哀再也支撐不住了，大笑一聲後昏倒在台上。

　　四小時後，莫里哀就停止呼吸，永遠離開人世。

　　這位喜劇家一生寫了三十七部喜劇，在最後仍以行動寫下自己的最後一部「喜劇」。

　　能將生命結束在自己最喜愛的戲劇裡，莫里哀一生大概了無遺憾了！可惜的是，大多數人總在茫茫職場上到處游蕩，尋找不到一個落腳處，無法在任何地方久留，或者毫無衝勁地停留在某項工作上，就這樣直到退休。

　　尋找一個最適合自己的工作是非常困難的，但是無論選擇什麼，都該用積極的態度面對，盡力完成每一件事。這麼一來，或

許要找到一項最適合自己的工作依舊不易，可是至少我們能在每一件工作中得到成長的喜悅。

年輕的時候，我們可能因一時衝動、不服輸的念頭，總想挑戰困難重重的任務，或者為了名利、地位而力爭上游，但是如願以償達到所要的目標之時，卻不一定真正感到快樂。

直到有一天當工作與生命融合的時候，工作不再是單純為了物質上的追求，而是為了扮演好自己的「天職」，此時工作帶來的便是難以言喻的快樂。

信任，可以改變一個人

只要一個人對他存有信心和信任，就能讓他對
人生懷抱一絲希望和溫暖。釋放「信任」，就
可能改變一個人的一生。

有一個男同學，由於父母離異，從小就交由祖母撫養。

或許是隔代教養的關係，他成為班級的頭痛人物，每一個老師都討厭他，他也樂得當個壞學生。

直到某次班導請假，來了一個代課老師，短短的兩個月，徹底改變他的一生。

代課老師發覺男孩有繪畫天分，不僅讓他代表班上參加美術比賽，還常常在全班面前稱讚他的優點，也幫他做課後輔導，追上功課落後的部分。只要他有進步，老師就會把他當自己小孩般給他親切的擁抱。

在他的求學過程中，第一次有人信任他的人格，相信他是一個好孩子。

信任，是一雙希望的手，能拯救一個人的靈魂。

在一個小鎮上，有一個出了名的地痞流氓布魯姆，整日游手好閒，酗酒鬧事，人們見到他都避之唯恐不及。一天，他醉酒後失手打死上門討債的債主，因此被判入獄。

　　入獄後的布魯姆，對自己以往的言行深深感到懊悔。有一次，他成功地協助獄方制止一次犯人集體越獄逃亡的事件，因而獲得減刑的機會。

　　布魯姆從監獄出來後，回到小鎮上重新做人。他想先找個地方打工賺錢，結果到處碰壁，沒有人願意聘請他。這些老闆全都遭受過布魯姆的敲詐，誰也不肯任用像他這樣的人。

　　食不果腹的布魯姆只好轉向親朋好友借錢，但面對的都是一雙雙不相信的眼光。

　　他唯一的信心，開始滑向失望的邊緣。

　　鎮長聽說他的情況後，就拿出一百美元，遞給布魯姆。布魯姆接錢時沒有說任何一句話，平靜地看了鎮長一眼後，就消失在小鎮的路上。

　　數年後，布魯姆從外地歸來。他靠著一百美元起家，辛苦奮鬥後，終於成了一個腰纏萬貫的富翁，不僅還清了親朋好友的舊帳，還娶了一個漂亮的妻子。

　　他來到鎮長的家，恭恭敬敬地捧上二百美元，然後十分感激地說：「謝謝您！」

　　事後，不解的人們問鎮長，當初為什麼敢借布魯姆一百美元，他可是出了名地痞，難道不怕他不還錢嗎？

　　鎮長笑了笑，回答說：「因為，我從他的眼神中看到了真誠，我相信他不會欺騙我，況且我已經有了拿不回這筆錢的打算。我那樣做，只是希望讓他感受到社會和生活不會對他冷酷，也不會遺棄他。」

　　莎士比亞在《李爾王》劇本中寫道：「*我的敵人的狗，即使*

Change your mindset
to flip the future
075

牠曾經咬過我,在寒冷的夜裡,我也要讓牠躺在我的火爐之前。」

　　待人寬容是一種生活智慧,誰都不可能不犯錯,誰都有失意、煩惱、困難的時候,人與人之間也難免產生摩擦、齟齬,唯有選擇寬容面對,才能給自己和別人更多一點機會。

　　一個即將走向極端的人,就這樣被鎮長的信任拯救回來。即使所有的人都對布魯姆失望,只要一個人仍然對他存有信心和信任,就能讓他對人生懷抱一絲希望,感到些許溫暖。

　　信任犯下重大過錯的人,是人們難以做到,也是社會普遍缺乏的寬容。一個有前科的人,要讓別人再度接受自己,是一條艱辛、難走的路。

　　或許,我們無法讓自己成為那麼心胸寬大的人,但是至少不要落井下石,以冷漠的眼光抹滅他人的努力。

　　在許可的範圍內釋放「信任」,就可能改變一個人的一生。

讓世界充滿善意，人生更美麗

一個微笑能幫助一個人。只要我們的心中能充
滿愛，他人自然能感受到這份善，更能激發出
無數的愛和善與之回應。

美國一名小學生喬許因為癌症做化療而掉光頭髮，全班的男
孩為了支持他對抗病魔，一起剃了大光頭。這樣溫暖的友情讓喬
許充滿勇氣面對病痛，告訴自己要堅強活下去。

南丁格爾說過：「心的顏色是紅十字。」

人只要心中有愛，奉獻一點點愛心，就可以美麗一生。

喬治是華盛頓一家保險公司的業務員，為女友買花時，認識
一家花店的老闆。但兩人只是泛泛之交，喬治只在花店裡買過兩
次花。

後來，喬治因為幫客戶辦理一筆保險費的問題沒有處理好，
被控詐騙入獄，必須坐十年的牢。

聽到這個消息後，他的女友離開了他，他更是心灰意冷極了。
十年的時間太長，他過慣了熱烈、激情的生活，不知自己該如何
度過沒有愛，也看不到光明的日子，他對自己一點信心也沒有。

喬治在監獄裡過了鬱悶的第一個月，幾乎要瘋了。

這時，有人來看他。

Change your mindset
to flip the future
077

他有些納悶，在華盛頓，他一個親人也沒有，想不出有誰還會記得他。

走進會面室，喬治不由地怔住了，原來前來探望他的是花店的老闆班，班還爲他帶來一束花。雖然只是一束花，卻爲喬治的牢獄生活帶來了生命力，也使他看到人生的希望。他在監獄裡開始大量地閱讀、鑽研電子科學。

六年後，他獲得假釋。先在一家電腦公司當員工，不久就自己開了一家軟體公司，兩年後，他身價過億。

成爲富豪的喬治，前去看望班時，才得知班已於兩年前破產，全家搬到鄉下過著貧困的生活。喬治把班一家人接過來，還爲他們買了一棟房子，且在公司爲他安排一個職位。

喬治告訴班：「是你當年的一束花，讓我留戀人世間的溫暖，給予我戰勝厄運的勇氣。無論我爲你做什麼，都不能回報當年你對我的幫助。我想以你的名義，捐出一筆錢，讓天下所有不幸的人都感受到你博大的愛心。」

後來喬治果然捐出一大筆錢，成立「華盛頓・班陌生人愛心基金會」。

我們可能不會發現，自己的一點愛心，竟然會對他人造成如此大的影響，甚至回饋到自己身上。

因爲班的關心，讓喬治重拾對生命的熱忱，有足夠的勇氣面對人生風暴，更將這樣的「善心」，與更多人分享，那一束花就是無價的愛。

與其大費周章，用盡繁文縟節要做一件「善行」，不如省去浪費的時間和精力，對身邊的人多付出一點愛心，即使他只是個

陌生人。

　　一個微笑、一句提醒，都能幫助一個人。

　　只要我們的心中充滿愛，他人自然能感受到這份善，更能激發出無數的愛和善與之回應，享受一個美麗人生。正如希臘哲學家亞里斯多德所說的：「美是一種善，它之所以使人愉悅，正是因為它善。」

保持童心，希望將會降臨

失去童心的大人，容易喪失孩子發現驚奇的樂趣。讓自己保有那顆孩子的心，就能對生命充滿更多的希望和期待。

印度詩人泰戈爾說：「上帝期待著人從智慧裡重獲他的童年。」

安徒生因為有童心，而寫出一個個美麗的童話；曹雪芹因為有童心，才能給筆下的賈寶玉一雙孩子的眼睛和心靈；吳承恩則在《西遊記》中藉著孫悟空表現出幽默與天真。

擁有童心不代表幼稚，「童心」能讓人對任何事物都抱著好奇和驚喜。他們為了追求快樂、喜悅而發現更多的新天地。他們不懂得害怕、挫折，只知道要往前走。許多擁有不凡成就的人，往往有一顆孩子的心。

瑪麗亞‧羅塔斯是薩爾瓦多人，出生在貧困的印第安人家庭。因為買不起玩具，瑪麗亞六歲時就用父親給她的黏土捏成各種各樣的小動物，只要看過的東西都可以捏得出來，她對玩具有著超常的悟性。

那年聖誕節，父親帶她來到迪士尼經營的一家玩具城，讓她自己挑選一件禮物。她看了半天，竟一件也沒有挑中。

　　瑪麗亞這個怪異的舉動，引起玩具店的老闆唐納德‧斯帕克特的注意。

　　他問瑪麗亞：「妳不喜歡我們的玩具嗎？」

　　「是的。」

　　「那妳喜歡什麼樣的玩具。」

　　瑪麗亞指著擺放在架上的玩具開始數落：「這種姿式不好、那種顏色不對、這種看起來太笨、那種做得不像……」

　　唐納德覺得眼前這個小女孩的見解不凡，就問該如何改善不滿意的玩具。

　　瑪麗亞找來黏土，按自己的想像一個一個捏了起來。成品讓唐納德大為震撼，立即與她簽定一項長期合約，聘請她為玩具公司的顧問。

　　後來，迪士尼公司為了充分發揮瑪麗亞的天賦，每當世界各地有玩具展活動時，都會帶她去參觀，針對各種玩具提出的意見。

　　唐納德解釋他聘請瑪麗亞的動機說：「一個人具備的天賦和超凡的悟性不在於她年老或年少，而是在於她對事物提出的見解。我們所有的玩具設計都犯有一個通病，那就是失去了對童心直接反應的能力，目光陳舊，缺乏激情。」

　　後來，瑪麗亞為玩具公司帶來豐厚的利潤。公司在紐約四十二街，租了三間有現代化通訊設備的辦公室，聘請兩位女秘書和兩位男傭為她服務。瑪麗亞既在公司工作，又要到學校完成學業，她的工作時間每週不超過二十個小時。

　　她的年薪為二十萬美元，加上她在迪士尼公司持有的股權，瑪麗亞‧羅塔斯的年收入高達二千萬美元。十五歲時，她已成為世界上最年輕的富翁。

　　有部電影描述一個小男孩因爲被欺負，向許願機祈求一夕之間長大，結果他的願望成眞。

　　變成大人的他驚慌失措，無法繼續住在家裡，只好在外流浪。在某個機緣下，他進入「玩具公司」，並成爲高階主管。原因只在於他擁有一顆「童心」，可以正確指出玩具設計上的問題，符合孩子的喜好。

　　失去童心的大人，容易以自己主觀的角度去看世界，也因此喪失孩子發現驚奇的樂趣。殊不知，許多偉大的發明，往往來自總是驚奇的心。

　　因爲一顆蘋果而發現地心引力的牛頓，臨終之前曾說過，自己只是一個在海邊拾貝殼的孩子。因爲有孩子明亮的心靈，才能發現那枚特別的貝殼。

　　讓自己保有那顆孩子的童心，就能對生命充滿更多的希望和期待。

懂得把握，可以找到自我

如果能客觀地了解自己的目標，對象自然就會
出現。每個人都可以找出一個適合自己的人，
只要先了解自己的內心。

希臘哲學家柏拉圖曾說：「一個人只是一個整體的一半，他
要花費畢生去尋找他的另一半。」

許多男人認為不要隨便談兒女之情，哪天有錢有勢後，不怕
娶不到老婆。

有錢有勢就真的能找到「理想」的伴侶嗎？這樣的想法有待
商榷。但是有一點我們可以清楚知道，不管是男人或女人，能尋
找到自己理想的對象，就可以讓生命變得更完整。

巴甫洛夫是俄國傑出的心理學家，三十二歲時結婚。如同他
傑出的研究成果一樣，他的求婚也別具一格。

一八八〇年最後一天，巴甫洛夫還在他的心理實驗室，可是
許多朋友都在他家等他回來。那天下著雪，彼得堡市議會大廈的
鐘敲了十一下。

一個同學不耐煩地說：「巴甫洛夫真是個怪人。他畢業了，
又得過金牌，照理說應該掛牌做個醫生才對，那樣既賺錢又省力。
可是他選擇進心理實驗室當實驗員，真是奇怪！他應該知道，人

Change your mindset
to flip the future
083

生在世，時日不多，應該多享享清福、尋尋快活才是呀。」

巴甫洛夫的同學裡有一個教育系的大學生，名叫賽拉菲瑪。她聽了那個同學的話，就站起來說：「那是你不了解他。不錯，人的生命的確是短暫的，但正因為如此，巴甫洛夫才努力工作。他經常說：『在世界上，我們只活一次，所以更應該珍惜光陰，過真實而又有價值的生活才是』。」

夜深了，同學們漸漸散去，賽拉菲瑪乾脆到實驗室門口去等巴甫洛夫。

鐘聲響了十二聲，已經是一八八一年的元旦了，巴甫洛夫才從實驗室走出來。他看到賽拉菲瑪，大受感動，挽著她的手走在雪地上。

突然，巴甫洛夫按著賽拉菲瑪的脈搏，高興地說：「妳有一顆健康的心臟，所以脈搏跳得很快。」

賽拉菲瑪感到非常奇怪，為什麼巴甫洛夫會這樣說？於是，她問道：「你這話的意思是⋯⋯」

巴甫洛夫回答：「要是心臟不好，就不能做科學家的妻子了。身為一個科學家，會把所有的時間和精力都放在科學研究上，收入又少，又沒空兼顧家務。所以做科學家的妻子，一定要有健康的身體，才能夠吃苦耐勞、不怕麻煩地獨自料理瑣碎的家務。」

賽拉菲瑪立即會意，接著說：「你說得很好，我一定會做個好妻子。」

就這樣，他求婚成功了。就在那一年，他們結婚了。

有些人談了好幾次戀愛、相親了無數次，就是沒有下文，因此總認為是自己無法找到真命天子或天女。

其實，很多時候他們根本不知道自己要的是什麼樣的伴侶，這個也不好、那個也不對。如果能客觀地了解自己的目標，對象自然就會出現。

巴甫洛夫非常清楚什麼樣的人適合自己，可以攜手共度一生。他的求婚或許不浪漫，但是卻非常誠心、實際且有趣。

每個人都可以找出一個適合自己的人，只要先了解自己的內心。當我們碰到一個可以讓自己產生結婚念頭的人時，必須好好把握、有所行動，否則「在對的時間遇見對的人」也不一定有好的結果。

不放棄，才會有奇蹟

> 如果能把每一次挑戰都當成最後一次希望，就
> 不會放棄任何可以成功的機會，只要不放棄，
> 就會有奇蹟出現的可能。

有次，在「動物星球」頻道看到一隻在河邊慢步的塘鵝不想到水裡捕魚，竟然一口將草地上的鴿子「放入」嘴裡。

只見塘鵝的大嘴不停的晃動持續了好一陣子，受不了獵物的掙扎，終於張嘴將牠吐出來。鴿子躺在草地上幾秒後，動了動翅膀，飛離了草地。

這樣的畫面在大自然中時常可見，有些獵物瞬間死亡，有的掙扎許久才斷氣，有的則是負傷逃脫。或許，有些動物最後的結局仍是失去生命，但是奇蹟存活下來的，絕對是經過奮力掙扎的生命。

非洲大草原上，碧綠的青草散發著迷人的幽香，各種動物盡情地奔跑著、跳躍著，一切是那麼的生氣盎然。草叢中，一頭剛學會捕獵的小獵豹靜臥在那兒，蓄勢待發，等待著獵物出現。

過了不久，不遠處來了一頭雄壯的羚羊，身後跟著的是一隻小羚羊，牠們悠然自得地咀嚼著鮮嫩的青草，全然不知死神正悄悄地盯著牠們。

　　小獵豹悄無聲息地向羚羊靠近，壓低的身軀難掩眼中閃爍的兇狠神色。時機一成熟，獵豹就像離弦之箭，猛然躍出草叢往羚羊奔去。

　　突如其來的驚嚇讓小羚羊手足無措，立即張開四蹄，往遠處跑去。小羚羊根本不是小獵豹的對手，眼看就要被追上，雄羚羊為了引開獵豹，一聲長嘶之後，義無反顧地向獵豹方向飛奔而去。小獵豹毫不猶豫地把目標對準了大羚羊，一場生與死的激烈追逐開始了。

　　雖然大羚羊在獵豹轉向後立刻往後奔逃，但小獵豹的衝刺速度非常驚人，一下子就追上大羚羊。忽地，小獵豹猛然一躍，利爪無情地刺入了羚羊的背部，頓時鮮血如注。羚羊並未因此屈服，牠發出痛苦的哀號，用盡全身力氣掙扎、跳躍著，即使小獵豹正用利爪撕扯著自己的肉體。

　　小獵豹不適應持久的戰鬥，一個不留神放鬆利爪，就在這一瞬間，羚羊突然轉過身，用頭上的犄角不顧一切地刺向小獵豹。尖利的羊角以迅雷不及掩耳的速度刺入小獵豹的左眼，小獵豹放棄獵物，跌倒在草地上哀嚎。

　　大羚羊拖著血肉模糊的身軀向遠方跑去。夜幕漸漸降臨，父親找到了自己的孩子，用奄奄一息的聲音將剛才的一切都告訴了小羚羊，最後牠說：「孩子，當你長大後，也會遇到這樣的情況。你的敵人可以放棄追逐，你卻不能放棄逃跑。因為對牠們而言，這只不過是一頓晚餐，但是對於你而言，卻是生與死的關鍵。絕不能輕易放棄生命！」

　　這是父親留給小羚羊的最後一席話，說完之後，大羚羊倒在草地上，永遠地告別了這個世界。

Change your mindset
to flip the future
087

　　曾有個實驗，將老鼠放在一個空間裡，並在四周通電，只要老鼠一想跑開那個區域，就會被電到。

　　幾次逃亡失敗後，被電怕的老鼠再也不敢離開那個空間。就算把電關掉，老鼠也不會亂跑，因為牠已經放棄嘗試。

　　如果「放棄」是從「學習」中得來的習慣，那麼我們是否也可以「學習」到堅忍不拔呢？

　　如果我們能把每一次挑戰都當成最後一次希望，就不會放棄任何可以成功的機會。

　　警方教導女性遇上歹徒試圖侵害時，最好能呼叫求救，試著抵抗，有些壞人會因為這樣的掙扎而放棄行動。對歹徒來說，與其找一個會抵抗的獵物，還不如找個不反抗的來得輕鬆。

　　因此，無論機會有多渺茫，我們都不能輕易放棄生命。只要不放棄，就會有奇蹟出現的可能。

不劃地自限，才有突破性發展

> 不劃地自限的人，才能真正地掌握成功所必需
> 的條件，而不受那些摻雜了過多無關緊要的
> 「應該」與「不應該」影響。

　　在我們的社會中，常常有許多約定俗成的觀念，告訴我們這個應該做、那個不應該做，更常會聽到許多自我設限的說法，就好像過去會有女孩子不應該從事什麼行業等等守舊的觀念一般，這只會無端窄化了自我的發展。

　　這些劃地自限的心理圍牆，很可能使我們錯失掉成功的機會。

　　加拿大有個著名的「筷子大王」，叫依恩·沃得。

　　他原先做的是木材生意，但事業經營得並不怎麼成功。有一年，他到日本和韓國觀光旅遊，在盡興地遊山玩水之餘，發現日本人和韓國人用餐不像西方人用刀叉，而是用筷子。

　　重要的是，兩地筷子的消耗量非常大，因為他們很講衛生，不喜歡別人用過的筷子，用過就扔進垃圾筒裡。而且，日本人只用木筷，不用塑膠筷。

　　依恩又考察了日本的木材市場，發現因為日本缺乏森林資源，因此木材價格要比北美高出四倍以上。

　　依恩由此產生了這樣一個靈感：如果在北美選一個地方，建

Change your mindset
to flip the future
089

造一個筷子加工廠，將筷子打進亞洲日本、韓國等地的市場，一定能賺錢！

經過實地考察和多方驗證之後，依恩選中了美國的明尼蘇達州一塊地方作為廠址。因為此處盛產白楊樹，用這種木材做的筷子潔白、光滑、漂亮，一定會得到用戶的青睞。

於是，他拿出全部的財產作為辦廠的資本，但資金缺口依然很大。他東奔西走，各處遊說，多方籌款，但大部份的銀行、財團和公司，或者興趣不大，或者疑慮重重，遲遲都不肯貸款。

只有一家大銀行被他的熱情和幹勁打動，派了副董事長隨他專程去日本考察，終於明白他興辦筷子工廠的計劃是確實可行並有利可圖的，這才答應給予支持。

當地政府也認為依恩辦廠既能提供就業機會，又能振興地方經濟，主動為他籌集了五十萬美元的款項。

機器開始運轉了，經過多次試驗，光潔漂亮的筷子終於問世，一投入市場，馬上被搶購一空。

依恩的現代化筷子工廠於一九八七年十月正式投產，光是一開始的九個月，便向日本出口筷子一千二百萬雙；到一九八八年底，產量達到十二億雙，銷售額為一千四百萬美元，獲純利四百萬美元。

依恩的成功使亞洲一些筷子廠老闆感慨萬分，紛紛說：「真想不到，東方人拿的筷子，竟是由使用刀叉的西方人生產！」

誰說用刀叉切肉的西方人就不能做拿筷子吃飯的人的生意？

正因為依恩不被這種劃分地域的思考模式侷限，才能在遙遠的亞洲開出勝利的花朵。商業無國界，依恩的心中，不存在所謂

「地域」的差別,只有成本與收益等實際上的考量,正是成功的主因。

不論做什麼事,或多或少都會遭遇壓力。一遇到壓力就不敢面對的人,會把眼前瓶頸當成無法突破的障礙,只有勇於承受壓力的人,才會把它當成讓自己迅速成長的助力,讓它成為躍向成功的墊腳石。

把心中的「不可能」拿掉吧!一個不劃地自限,不被心理圍牆阻擋的人,才能真正地掌握成功所必需的條件,而不受那些外在的、摻雜了過多無關緊要的「應該」與「不應該」影響。

Change your mindset
to flip the future
091

不忘美德，必將有所得

「天公疼憨人」，這些「不知變通的傻子」正
因為不與人計較，反而得到上天更多的照顧。

一個只有高中畢業的長輩，被高薪聘請到大陸管理一間工廠，還擁有最大的管理權。所有的人都認為這位長輩非常幸運，和他擁有相同資歷，甚至能力更好的大有人在，為何老闆偏偏挑他？

原來在這位老闆發跡之前，只是一個白手起家的小商人，向長輩所在的公司推銷商品，那時促成這筆買賣的中間推手就是這位長輩。生意談成之後，按照商場慣例，這位小商人必須給長輩「回扣」，但是長輩拒絕了，他認為這只是他的工作，不該接受「額外」的報酬。

多年後，長輩因為一些緣故而失去工作，就在生活陷入困境之時，成為大老闆的小商人出現了，二話不說馬上聘請長輩輔助自己在大陸設立的工廠，並且放心的將所有權力交給他。

有句話說：「美德大部分包含在感恩惜福的心中。」

世界上的確有好運存在，而且好運願意光顧有美德的人。

美國南方有一個州，當地的居民多半使用壁爐燒木材來取暖。那兒住著一位樵夫，為某一戶人家供應木柴長達兩年多。這

位樵夫知道木柴的直徑不能大於十八釐米，否則就不適合那家人特殊的壁爐。

有一次，他為老主顧送去的木柴大部分都不符合規定的尺寸，無法直接使用。主顧發現這個問題後，立刻打電話給樵夫，請他換成合適的，或者劈開這些不合尺寸的薪柴。

「我不能這樣做！」這個樵夫說道：「這樣所花費的工價會比全部柴價還要高。」說完，他就把電話掛了。

這個主顧只好捲起袖子，親自將木材劈開。工作到一半時，他注意到一根非常特別的木頭，這根木頭有一個很大的節疤，節疤處明顯地被人鑿開又堵塞住。

是什麼人幹的呢？

他邊想邊掂量了一下這根木頭，覺得它很輕，彷彿是空心的。他用斧頭把它劈開，沒想到一個發黑的白鐵捲掉了出來。

他蹲下去拾起這個白鐵捲，打開一看，發現裡面包著一捆很舊的五十美元和一百美元兩種面額的鈔票。他數了數，恰好有二千二百五十美元。

很明顯地，這些鈔票藏在這個木柴裡已有許多年了，這個人唯一的想法是，讓這些錢回到它的真正的主人那裡。他馬上進屋子抓起電話聽筒，打給那個樵夫，問他從哪裡砍了這些木頭。

「那是我自己的事。」誰知這位樵夫卻回答說：「如果我洩露了我的秘密，別人會來跟我爭奪的。」

儘管這個主顧好說歹說，還是無法獲悉這些木頭是從哪裡砍來的，努力調查的結果，也不知道是誰把這些錢藏在木柴內。

故事的結局是：因為無法找到失主，這個主顧成了這些錢的主人，而那個樵夫卻沒有得到一分錢。

Change your mindset
to flip the future
093

　　美國演說家胡伯曾說：「其實，世上只有不夠努力，並沒有真正的壓力，只有自我設限，不敢超越，並沒有真正的挫折。」

　　面對困難之時，積極的人會把它看成一種挑戰，但消極的人卻將它視為一種壓力；只要勇於接受挑戰，壓力就是讓自己更迅速成長的助力。

　　快樂的秘訣就是做好自己該做的事，不自尋苦惱，也不替別人增添困擾。只要懂得改正輕忽怠惰的惡習，做好每個細節，生活就會更加充實自在。

　　如果樵夫善盡自己的職責，將不符合規定尺寸的木材劈好，那這筆錢的發現者，將會是樵夫本人。

　　或許在「世風日下，人心不古」的現代，許多人早就將古人重視的仁義道德當作迂腐的教條而束之高閣。至今仍然信守仁義道德的人，大都被現代的「聰明人」視為不知變通的傻子。

　　殊不知，「天公疼憨人」，這些「不知變通的傻子」正因為不與人計較，反而得到上天更多的照顧。

　　別羨慕這些人總是好運，別埋怨不曾得到上天的眷顧，先想一想自己是否具備使好運光顧的條件吧。

放棄安逸的生活，能夠超越自我

若沒有冒險的勇氣，想超越自我的機會就很渺小。很多時候，想要找到屬於自己的天空，往往在放棄安逸的生活之後。

　　有的父母希望孩子填寫志願時，選擇鄰近的大學，最好畢業後也能在家附近工作；有的則鼓勵孩子到外縣市就讀，學習獨立過生活。

　　雖然前者可以有多點時間享受天倫之樂，後者卻可能是決定一個人未來走向的關鍵時期。

　　或許你會說，台灣那麼小，到哪其實都差不了多少。但是距離的遠近不是主要問題，離開「家庭」的呵護，強迫自己進入新環境過程中的勇氣培養，才是實現自我的最大關鍵。

　　從前，有一個老人在山裡打柴時，撿到一隻模樣怪異的幼鳥，那隻怪鳥大小和剛滿月的小雞一樣，而且還不會飛，老人把這隻怪鳥帶回家送給小孫子。

　　老人的孫子很調皮，將怪鳥放在小雞群裡，讓母雞養育。母雞並沒有發現這個異類，把牠當成自己的小孩一樣照顧。

　　怪鳥一天一天長大了，人們這才發現牠竟是一隻老鷹，擔心牠更大後會吃雞。

Change your mindset
to flip the future
095

他們的擔心是多餘的，長大後的老鷹和雞相處得很和睦，只是老鷹出於本能在天空展翅飛翔，向地面俯衝時，雞群也出於本能會產生恐慌和騷亂。

村裡的人對於這種鷹雞同處的狀況非常看不慣，如果哪家丟了雞，便會懷疑那隻鷹。愈來愈多不滿的人一致要求將老鷹放生，永遠也別讓牠回來，否則就要殺了牠。

因為和老鷹長時間相處，這一家人捨不得殺牠，最後決定將老鷹放生，讓牠回歸大自然。

他們用了許多辦法都無法讓老鷹重返大自然，就算把牠帶到很遠的地方放生，過不了幾天又飛了回來，即使驅趕牠，不讓牠進家門，都不奏效。

最後，他們終於明白，老鷹是眷戀從小長大的家園，捨不得那個溫暖舒適的家。

後來，村裡的一位老人說：「把老鷹交給我吧，我會讓牠重返藍天，永遠不再回來。」

老人將老鷹帶到附近一個最陡峭的懸崖絕壁旁，然後將老鷹狠狠向懸崖下的深澗扔去，就像扔一塊石頭那樣。

那隻老鷹剛開始也像石頭般向下墜去，然而快要到澗底時，牠終於展開雙翅，開始緩緩滑翔，然後輕輕拍了拍翅膀，就飛向蔚藍的天空！

牠越飛越高，越飛越遠，漸漸變成了一個小黑點，飛出了人們的視線，永遠地飛走了，再也沒有回來。

現有的穩定和保障讓人留戀，外面的世界雖然精采，可是風險也很大。要保持現狀還是尋求突破，一切都在於個人的決定。

　　無論如何，你必須做一個決定！當你決定留在現有環境時，就別因嚮往外面世界而感嘆過日；如果你決定開創新天地時，就別因眷戀安逸而躊躇難行。

　　只是必須記得一件事：舒適、穩定、熟悉的環境讓人放鬆，鎮日安樂其中，可是一個人若沒有冒險的勇氣，想超越自我的機會就很渺小。

　　很多時候，壓力就是一個人成長的動力，想要找到屬於自己的天空，往往在放棄安逸的生活之後。

PART ④

在意別人的眼光，
就會被牽著鼻子走

多數人總是活在習慣的思維裡，大腦根本就沒有進行邏輯

思考的能力，如果你在乎他們的眼光和看法，最後當然會

被他們牽著鼻子走。

別人做得到的，你一定也能

別人能，你一定也能，只要你付出的跟別人一
樣多，相同的目標、終點，很快地你也會到
達。

作家湯瑪士・富勒曾經寫道：「自信是突破人生逆境的心靈
燃料。」

確實如此，一個缺乏自信的人永遠無法成就任何大事。

「別人能的，我一定也能」，一定要這樣充滿信心，鼓足勇
氣，給自己多一些實現目標的動力，你就比別人多一些成功的保
障。

有個出身奴隸階級，名叫狄斯雷利的英國男孩，經常充滿信
心地對人說：「別人做得到的，我一樣也能！」

猶太裔的狄斯雷利，血管裡似乎真的流著猶太人頑強不屈的
血液，從來不認為自己是個奴隸，更不認為自己將來會是社會底
層的卑微人物。

他堅信，憑著自己的智慧・信心和努力，任何障礙他都能戰
勝，並且成功跨越。就算整個世界都和他作對，他也會不斷用歷
史名人的光輝業績來提醒自己：約瑟，是四千多年前埃及的最高
主宰，丹尼爾則是在基督誕生前五世紀，成為世界上最偉大的帝

Change your mindset
to flip the future
099

國元首⋯⋯

志向遠大的狄斯雷利，從小就堅持著自己的夢想，將努力實踐的企圖心，深深紮根於現實生活中。

他從社會的底層開始努力向上爬，一步步地踏上中產階層的行列。後來，經過不懈的努力和奮鬥，終於讓他進入英國的上流社會，最後還登上進入了權力金字塔的頂峰，當了二十五年英國首相。

狄斯雷利通往成功的道路上，遇到的荊棘和坎坷，或面對的蔑視、嘲諷，以及後來眾議院裡的噓聲、辱罵，都要比別人多上一倍，但是，他都一一勇敢面對，也一一加以抵抗，一點也不讓這些屈辱阻擋他前進的腳步。

每當面對挑戰，他總是冷靜地回答說：「總有一天，你們會認識我的價值，總有一天，我的成功也一定會到來。」

後來，這樣的時刻真的到來了，這個曾經被許多人否定過的男孩，終於憑著智慧和信心出人頭地，而且還主宰了英國的政治整整四分之一個世紀。

思想家盧梭曾經寫道：「如果一個人打從心底就懼怕痛苦，懼怕困難，懼怕不測的事情，那麼他永遠也成就不了什麼大事。」

這句話告訴我們，假如一個人在內心充滿著「辦不到」、「不可能」的消極想法，那麼，他最後就真的會辦不到那些不可能的事情。

要像狄斯雷利說的：「別人能做到的，我一定也能！」

這樣的話語也經常出現在勵志語錄中，從出生開始，每個人的機會本來就站在平等線上，所有的差距，也都在於個人的努力

與否。

別人能，你一定也能，只要你付出的跟別人一樣多，相同的目標、終點，很快地你也會到達。

如果你體力不如人，那麼你只要再多付出一些時間，增進自己的智慧和信心，堅持下去，你也能到達得標終點，拿到錦旗。

在我們的周圍，總會有更富有和更成功的鄰居，競爭是健康的，你必須和他們進行良性的競爭。

——暢銷作家查爾斯・漢迪

Change your mindset
to flip the future
101

讓險境成為生命的動力

只要能活著，再困難的險境都會是生命的動力，只要積極、不退縮，人生就沒有什麼是不可能的。

別再停留在崎嶇的人生路口，更別想著退縮，因為就算換了另一條路走，仍然會遇上陡峭難行的路。

畢竟人生不可能永遠一帆風順，而且唯有在狂風暴雨中，我們才會激起強烈的生命動力。

美國有個失去兩條腿的人，用自己積極而旺盛的生命力，彌補了身體的缺陷，相當受歡的演說家。這個傳奇人物的名叫班‧福特生。

班是在一九八五年那年，失去了他的雙腿。

有一天，他砍了許多胡桃木的枝幹，準備拿來做種植豆子的撐架。當他把胡桃木裝上車後，在開車回家的途中，突然有一根樹枝滑落，卡進了引擎裡。

不巧的是，這時車子正準備急轉彎，卡在引擎中的樹枝，造成車子失控，直接衝撞到路邊的樹幹，造成班的脊椎受了重傷，兩條腿登時完全麻痺。

出事那年，班才二十四歲，經過緊急搶救之後，醫生雖然救

回他一命，但也判定他要終身坐在輪椅上。生命中這個突如其來的衝擊，令班無法接受，他對人生充滿了憤恨和難過，每天都在抱怨老天的不公，和命運的乖舛。

在怨懟的生活裡，日子就這麼一天又一天的度過。

有一天，班忽然醒悟，他發現憤恨的情緒非但使得自己什麼事也做不成，而且還帶給別人惡劣的印象。

當心境平靜下來，他慢慢地發現，其實大家對他都充滿了體諒與尊重，每個人對他都相當關心，於是他告訴自己，應該要設法加以回饋。

心結打開的那天，班整個人完全轉變，不僅積極地面對人生，還養成了每天閱讀的習慣，漸漸地，對一些文學作品產生了興趣。

坐在輪椅上不能自由行動的十四年裡，他至少讀了一千四百多本書，這些書為他帶來了很多新的想法，讓他深刻體驗到，即使受到如此打擊，自己的生活仍然可以是豐富而精彩的。

每當有人問他，經過這麼多年，是否還覺得那次意外是個可怕的經歷，班都笑著回答：「一點也不可怕！現在，我很慶幸能有這麼獨特的經歷！」

班大量吸收資訊和閱讀的結果，讓他對政治產生了興趣，不僅努力研究公共問題，還坐著輪椅到處發表演說，成了最受歡迎的演講家。

在如此難熬的逆境，班‧福特生卻更加積極地開創他的人生。

從憤恨、難過，無法承受命運的捉弄，到克服沮喪、不再抱怨，來自內心的醒悟，使得他從此有了全新的生活。

在現實生活裡，我們經常看見許多殘而不廢的成功人士，他

們的生命力通常比四肢健全的人都要旺盛。他們常說，沒有什麼事比身體的殘缺更難過了，所以，他們比任何人了解生命的意義也更加珍惜生命的價值。

像是一些口足畫家，或是輪椅運動選手，從他們的堅毅臉上，我們絕對看不到退縮的神情。因為，他們知道，只要能活著，再困難的險境都會是生命的動力，只要積極、不退縮，人生就沒有什麼是不可能的。

成功當然沒有什麼了不起，只不過你必須恰巧擁有銳利的眼睛、敏捷的思維和無論發生什麼事都毫不猶豫的性格。

——埃弗雷德‧希區考克

用堅強的自信笑看人生

把苦難和折磨視為生活的一部分，以頑強的生命力面對突如其來的意外和坎坷，用堅強的自信笑看人生。

作家海明威曾經在名著《老人與海》裡勉勵我們：「只要你不計較得失，人生還有什麼不能想法子克服的？」

生活的磨難可以訓練你我的意志，讓我們的性格更加堅強，生命更有韌性。只要心中充滿信心，沒有什麼能阻擋我們達到夢想的目標！

班納德是一位歷經各種人生風雨的德國人，一生跌跌撞撞，前後遭受了一百五十多次苦難磨練，許多人都說他是這個世界上最倒楣也最堅強的老人。

在他出生的第十三個月時，不僅摔傷了脊椎，還跌斷了一隻腳。兒童時期，喜歡爬樹的班納德，則是不小心摔傷了手腳；後來，騎單車時，又被忽然颳起的一陣風吹倒，再次跌個四腳朝天，膝蓋還受了重傷。

到了十四歲時，有一天他在路上慢跑，跑著跑著竟然莫名其妙掉進了路旁的垃圾堆裡，還差點窒息。

又有一次，他好端端走在路上，竟然被一輛失控的汽車，把

頭撞了一個大洞。還有一次，一輛垃圾車，在傾倒垃圾時，居然一不小心將他埋在下面。

更慘的是，有一次他在理髮店坐著等理髮師，沒想到又遇上一輛失控的汽車，衝撞進理髮店裡……

班納德曾經仔細算過，在最倒楣的一年裡，他竟然遭遇了十七次的重大意外事故。但令人驚訝的是，他依舊健康地活著，而且心中充滿了自信。他說，都歷經過一百五十多次的生命磨難了，還有什麼好怕的呢！

面對生命中的各種難題，用不同的角度解讀，往往會得到不一樣的結果。唯有看開，人才可能擁有美好的未來。

只要懂得轉換想法，心境就會產生微妙的改變。

對班納德而言，這些層出不窮的惡運都是磨練生活的最佳機會，他不僅愈挫愈勇，還把苦難和折磨視為生活的一部分，以頑強的生命力面對突如其來的意外和坎坷，用堅強的自信笑看人生。

不管你是第一次遇上生活瓶頸的人，還是在不景氣中跌跌撞撞的人，學學班納德的生活態度吧！

改變心態才能翻轉未來

所有的比賽都會有人作弊，但是，如果你從來都不參加的話，就永遠不可能贏得勝利。

——美國作家羅伯特·海萊茵

創新就會抓住人心

創意通常來自生活中的人事物，不管外在環境
如何變化，只要你捉住人心，得到的認同，便
能化腐朽為神奇，創造新流行。

美國《商業週刊》行銷顧問艾倫‧米史坦曾經說過一句名言：
「所謂商業，靠的就是透過創新的手法，刺激大眾的荷爾蒙。」

確實如此，許多精采的創新故事都印證了這點。

創新，需要的就是別出心裁，從平凡甚至醜陋的事物中看到
機會；想要吸引消費者，便要設法摸透他們的內心世界。

創意，其實並沒有一定的標準，重點在於能否抓住人心。

每年到了「情人節」的時候，到處都可以看到一束束的玫瑰
花，或是精美包裝的巧克力，在情人們之間傳送。

但是，除了玫瑰花或巧克力之外，難道沒有其他禮品可以贈
送了嗎？

當然有。

在商店裡，有各種琳瑯滿目的禮品可供選擇，不過，你一定
沒有聽過，竟然有人在情人節這天，推薦情人們送「牛糞」這種
既奇怪而又噁心的禮物吧？

這是發生在英國的一個真人實事。

　　一九九三年的情人節來臨前，英國有位名叫珍妮・唐恩的農家女孩突發奇想，把牛糞加上精美的包裝，並在禮盒上印了美麗又動聽的甜言蜜語，推到市場上販售，價格訂為每件五英鎊。

　　不妨試想一下，如果你的情人在情人節當天送你一袋牛糞，你會怎樣？

　　也許你會因為聯想到「鮮花插在牛糞上」的俗語，懷疑對方存心譏諷而傷心一場。

　　然而，這對喜歡種植花草的英國紳士淑女們來說，卻認為有人如果送他們牛糞，是對方對自己的生活、喜好，表示支持與讚賞的意思。

　　也因為如此，珍尼・唐恩的「牛糞禮物」上市後，銷路非常好，令許多人都跌破了眼鏡！

　　知名廣告大師威廉・柏恩拜克曾經說過：「一個主意最後變成創意或是餿主意，往往取決於它是否準確抓住人心。」

　　珍妮・唐恩的成功，就在於她知道送禮的重點，其實是透過送禮向對方表達自己的心意。

　　「牛糞禮物」所傳達出來的，正是禮品的實用性和另類傳情的表徵。

　　牛糞的意義和價值，不在牛糞對於植物的營養，而是人與人之間生活的共鳴與認同感。

　　珍妮・唐恩正是運用這分細膩的心思，所以才能在多數人不看好的情況下一鳴驚人！

　　牛糞禮品的例子，只有一個重點，就是要懂得人性的心理與感受，意即許多廣告人常說的：「捉住消費者的心」。

　　創意通常來自生活中的人事物，不管外在環境如何變化，只要你捉住人心，得到消費者的認同，便能化腐朽為神奇，創造新流行。

改變心態才能翻轉未來

當你是一個勝利者，很容易對自己有信心，也很容易嚴格要求自己。但是，當你不是勝利者，更應該對自己有信心，更嚴格要求自己。
　　　　　　　　　　　　　　——運動教練文斯·倫巴迪

Change your mindset
to flip the future
109

不妨盯著「馬糞」找機會

> 機會就在你身邊，不要用世俗的眼光去評斷事物的外表，而是用心去發掘內在的價值，只要讓腦子靈活轉一轉，只要用心，機會一定會出現。

　　我們總是看著別人開創出一個個奇蹟，卻不知道早在別人發跡之前，創造奇蹟的機會也曾出現在我們眼前。

　　想一想，如果是你，當你望著散發惡臭的馬糞，你是想著其他的發財夢，還是盯著馬糞找機會？

　　一九九六年，約翰‧馬登榮登澳洲雪梨市的首富，令人訝異的是，這個擁有上億元資產的年輕富翁，卻是從「馬糞」買賣中起家的。

　　馬登之所以會選擇從事「馬糞」生意，說起來還有一段傳奇故事呢！

　　當馬登還在大學唸書的時候，有位教企業管理課程的老師，在講解經商之道時說：「怎樣才算是一個成功的商人呢？如果，他連馬糞都可以賣，而顧客也非常樂意購買的話，他就是一個成功者了。」

　　老師的這番話，深刻地印在馬登的腦海裡。

　　大學畢業後，約翰‧馬登到雪梨市郊的一個馬會工作，當他

第一天上班，看到一車車被運到附近農村的馬糞，以賤價出售時，忽然想起了老師說過的那番話。他開始認眞思考著：「賣馬糞到底能不能賺大錢呢？」

於是，他花了兩年的時間，潛心鑽研農業、土地和肥料……等等相關知識，還將馬糞拿到實驗室裡，仔細分析研究，認眞地進行試驗。

後來，終於讓馬登發明出一種可行的方法。他將馬糞提煉加工成顆粒狀肥料，然後低價出售。

這些顆粒狀肥料不僅施用後的成效高，而且無臭無味，每包以二澳元的合理價格出售，農民們都非常樂於使用。

推廣了一年後，約翰‧馬登在年度結算時，淨賺的金額連他自己也不敢相信。

沒想到這些原本被人們賤賣的馬糞，經過他的重新製作包裝，竟然爲他帶來了一億美元的收入。

幽默作家馬克‧吐溫曾說：「想出新點子的人，在他的點子沒有成功之前，人家總說他是異想天開。」

然而，不容否認的，如果你想讓自己事業有成，就必須要有勇氣做別人口中那個「異想天開」的人。

你必須時時「突發」一些別人認爲根本不可能的奇想和創意，如此一來，才能突破既定的框框束縛，走出一條屬於自己獨創的成功道路。

換個想法，就能找到致富的方法。從約翰‧馬登的發跡過程中，我們可以深刻體會「遍地有黃金」這句話的道理。當然，這也得依靠他的智慧和鑽研精神，才能在平凡中開創如此不平凡的

Change your mindset
to flip the future
111

傳奇。

　　沒有人不想成為大富翁，只是，有幾個人能像馬登一樣，肯花費心思挖掘財富在哪兒呢？

　　機會就在你身邊，不要用世俗的眼光去評斷事物的外表，而是用心去發掘內在的價值，只要你肯讓腦子靈活轉一轉，只要肯用心尋找，機會一定會出現。

　　因為，這正是那些白手起家的傳奇人物身上，最重要的成功秘訣。

　　想要成功就必須充滿想像力，必須清楚看到夢想中的所有事物，並且把它們陸續實現。

　　　　　　　　　　　　　　　　——鋼鐵大亨查爾斯・施瓦布

「出賣空氣」也是一樁好生意

只要充滿智慧，人生到處都是成功的機會，連

空氣都能賣了，還有什麼不能賣？

　　成功的機會往往來自天馬行空的想法，許多人斥之為荒誕無

稽的念頭，其實正蘊藏著平常人看不見的機會。

　　能不能抓住這些機會，全看你是否具有獨到的智慧，以及鍥

而不捨的毅力。

　　有一年，有個名叫洛克的美國商人，終於了卻自己的心願，

忙裡偷閒來到日本富士山渡假。

　　徜徉在鳥語花香的山林之中，清新的空氣，青翠的草木，在

在令洛克感到心曠神怡。洛克每走一步，便要深深地吸一口清新

的空氣，心裡才會滿足。

　　這時，他忽然靈機一動，心想：「這裡的空氣這麼棒，我何

不把它拿去賣呢？那些整天吸著混濁空氣的都市人，應該會想要

多享受這裡的清新空氣吧！」

　　洛克並不是天馬行空想想就算了，而是馬上抓住這個靈感，

展開一系列宏偉的計劃。

　　他立即派人到富士山採集空氣，並且進行科學性的理論分析，

Change your mindset
to flip the future
113

發現其中的負離子非常豐富，而這也正是人們最需要的空氣維生素。

有了這個發現，開心的洛克便決定在富士山的山腰，創辦了「富士空氣罐頭廠」，專門生產這個令人感到不可思議的新產品。

這個創新的產品，對於那些飽受污濁空氣之苦的都市人來說，能夠一打開空氣罐頭，便享受到一股真實而清新的大自然氣息，簡直是個奇蹟。

當他們在身心疲累的時候，閉上眼睛呼吸到這麼舒適的空氣時，便有置身山林、田野或草地的感覺，渾身舒適享受，令人心曠神怡。

於是，神奇的「空氣罐頭」，一下子便風靡了都市人，後來洛克生產的「富士空氣罐頭」，不僅行銷日本市場，還出口到美國和歐洲呢！

「空氣罐頭」的開發，喚起的不只是人們對新鮮空氣的需求，還包含了對空氣維護的自省，而且也說明了，只要充滿智慧，人生到處都是成功的機會，連空氣都能賣了，還有什麼不能賣？

作家柯林斯曾經寫道：「愚人常把成功看得太容易而失敗，智者常把成功看得太困難而一事無成。」

其實，成功的法則很簡單，關鍵就在於能否抓住別人沒有發現的訣竅，能否發現別人沒有看見的機會。不過，訣竅與機會通常是隱晦的，需要透過不同的想法加以激發，而最能激發創意的地方就是大自然。

我們來自於自然，所以不可能棄自然而生，這也正是大自然永遠讓人們著迷的原因。

　　每個人都渴望回歸山林，許多人在造訪大自然後，回到工作或生活崗位上時，才能重新激起了驚人的創造力。

　　就像來到山林的洛克，在感嘆清新空氣之難得的同時，也激發他「出賣空氣」的創意。

改變心態才能翻轉未來

在運動比賽中，剛好輸掉比賽和勉強贏得比賽，似乎沒有太大差別，但是，在現實生活中，那正意味著零分和一百分的差距。

——暢銷作家麥克‧漢默

Change your mindset
to flip the future
115

試著把譏諷當作激勵

如果你想開創一番事業，就應該像斯泰雷一樣，試著把別人的嘲諷視為激勵，讓它成為逆境中前進的動力。

人在邁向成功的過程，所必須具備的堅毅特質，就是必須勇敢地去面對別人的譏笑與嘲諷。

因為，譏刺的話語往往比刀劍還要銳利，會刺傷一個人的意志。

遭遇嘲笑，相信自己的能力最重要。

學會用理性、積極、樂觀的態度面對別人的嘲諷，就不會讓自己陷入無法達到的痛苦和挫折之中。

想獲得非凡的成功，想享受愉快的人生，首先必須保持健全的心理狀態，用積極樂觀的心境面對生活。

你聽過美國的玉米大王斯泰雷的故事嗎？

斯泰雷十六歲的時候，曾在一家公司當售貨員，當時，他的職位和薪水都很低，工作量卻十分龐大。

在他心中一直有個偉大的願望，那就是要成為一個不平凡的人。但是，每當他流露這種想法的時候，公司的老闆便譏笑他異想天開、不切實際。

　　有一天，他又被老闆狠狠地訓斥了一頓：「老實說，像你這種人，根本不配做生意，你啊，徒有一身力氣，卻一點腦袋也沒有，我勸你還是到鋼鐵工廠去當個工人吧！」

　　老闆這番尖酸刻薄的話語，嚴重刺傷了斯泰雷的自尊，因為，他自認做事一直都非常小心謹慎，工作態度也非常主動積極，因此被老闆這麼一激，不禁出言反擊。

　　他立刻對老闆反駁說：「老闆先生，你當然有權力將我辭退，但是，你不可能消滅我的信心。你說我沒有用，那是你說的，這一點也不會減損我的能力。你看著吧！有一天我會開一家比你大十倍的公司。」

　　老闆到這個年輕小伙子竟敢出言頂撞，而且說出這番「不知天高地厚」的話，當然嗤之以鼻，立即將他開除。

　　誰也料想不到，幾年後，斯泰雷真的憑著自己的智慧，創造了驚人的成就，成為全美著名的玉米大王。

　　普拉斯曾說：「樂觀的人，在每一次憂患中，都能看到一個機會，而悲觀的人，則在每個機會中都看到某種憂患。」

　　的確，如果你的想法積極，就算是身處地獄，你也會把它看成天堂，假若你擁有消極的想法，即使你身在天堂，你也會認為是在地獄。

　　如果你想開創一番事業，就應該像斯泰雷一樣，試著把別人的嘲諷視為激勵，讓它成為逆境中前進的動力。

　　其實，我們一點也不必害怕被人責難，因為，有時候責難並非全然沒有道理的，或許自己真的有不足之處也說不定。

　　因此，當我們聽到別人的指責，應該虛心記取，仔細反省自

Change your mindset
to flip the future
117

己是否有所缺失,並努力修正。

　　反省之後,如果自認沒有任何缺失,或是錯誤不在自己,就把這些嘲諷和貶抑轉化成動力,不要被他人看扁,激勵自己一定要比對方強,千萬不要被幾句惡毒的話給擊倒。

改變心態才能翻轉未來

我們身處的這個時代,最大的困擾是,馬路上到處都是路標,但是卻沒有告訴你如何才能到達目的地。

——幽默作家亨利‧明茨伯格

給自己一根釣竿討生活

與其給孩子們整簍「鮮活的魚」，不如給他們
一根釣竿，讓他們學習自食其力的生存之道
吧！

什麼才是生存下去的最好方法？對於那些生活貧窮的人，許
多成功人士都這麼說：「給他們食物，不如給他們一根釣魚竿。」

生活的意義不在於吃飽與否，而在於能否當個有用的人生活
下去。

那麼，要如何生活？答案是擁有一技之長。

有一年，某個偏僻的鄉鎮遭逢天災，大水淹沒了整個村落，
人們為了活命紛紛逃離故鄉。其中，有兩個兄弟也準備要逃離這
個村落，離開之前，村裡的一位長者，送給了他們一根魚竿，和
一簍鮮美碩大的活魚。

兄弟兩人經過一番協調分配後，哥哥選了整簍活魚，弟弟則
選擇了魚竿，接著他們便分道揚鑣，各自謀生去了。

在逃亡的過程中，哥哥自恃著有一簍鮮魚可以過活，便忘了
認真思考未來，更沒有想到魚終會有吃完的一天，於是，他就這
麼「坐吃山空」，最後因為沒有謀生能力，活活餓死在早已吃空
的魚簍旁。

Change your mindset
to flip the future
119

至於弟弟，則長途跋涉尋找自己的新生活，一路靠著釣魚為生，最後來到了一個漁村，開始過著捕魚為生的日子。

幾年後，他的捕魚技術越來越純熟，不僅建造了一艘漁船，還蓋了自己的房子，最後在這個漁村裡，建立了一個幸福安樂的家庭。

當我們看見故事中兄弟倆不同的選擇和不同的下場之後，是否更懂得生存的方法了呢？

不要期望坐享其成，就算繼承的遺產再多，如果不繼續努力，終有一天會坐吃山空；與其給孩子們整簍「鮮活的魚」，不如給他們一根釣竿，讓他們學習自食其力的生存之道吧！

如果說人生是一齣戲，那麼我們便都是人生舞台上主角，必須做的是，先解自己的角色和專長，使自己的表現更出色。

只要懂得如何生存，只要身懷一技之長，縱使景氣再差，運氣再壞，也總會有發揮所長的一天。

改變心態才能翻轉未來

如果你不盡力去贏得勝利，那你還遠不如那些在自己家後院召開奧林匹克運動會的人。 ——運動員傑西・歐文斯

在意別人的眼光，就會被牽著鼻子走

多數人總是活在習慣的思維裡，大腦根本就沒有進行邏輯思考的能力，如果你在乎他們的眼光和看法，最後當然會被他們牽著鼻子走。

高爾夫球名將老虎‧伍茲曾說：「別去管別人的期待，只要過自己應該過的生活，那麼你就會活得很快樂。」

人性心理的微妙之處，正是多數人在審核事情的時候，只看事情的表面，而不會去分析問題，如果你太過於在乎別人的眼光，就會追隨別人的價值觀，被人牽著鼻子走，活得不快樂。

有一天，卡里閒來無事，便和斯泰基做了一個打賭。

卡里信心滿滿地對斯泰基說：「如果我送給你一個鳥籠，並且將它掛在你的房中最顯眼的地方，我保證你一定會去買一隻鳥回來。」

斯泰基笑了起來，說：「別傻了，養鳥是件多麼麻煩的事啊！我才不會去做這樣的蠢事。」

於是，卡里便去寵物店買了一個非常漂亮的鳥籠，然後要斯泰基掛在房中最顯眼的地方。

過沒幾天，只要有人一走進斯泰基的房間，便會忍不住地問他：「斯泰基，你的鳥什麼時候死了，是怎麼死的呢？」

斯泰基回答：「我從來沒有養過鳥啊！」

接著，大多數人會這麼問：「那你沒事掛這個鳥籠幹什麼呢？而且還是個這麼漂亮的鳥籠！」

大家都用奇怪的眼神看著斯泰基，好像他心理有著什麼毛病似的，看得斯泰基越來越覺得相當不自在。

後來，幾乎每天都有人來詢問相同的話題，並露出相同的疑惑眼神，終於讓不其擾的斯泰基屈服了。

最後斯泰基不得不買了一隻鳥，把牠放進那個漂亮的鳥籠裡，因為他知道，這比向大家解釋事情的緣由要簡單多了。

現實生活中，許多人都會像斯泰基一樣，一開始這麼想著：「只要我堅持不養鳥，卡里的預言就不可能成真。」

但是，結局通常都和斯泰基一樣，為何會如此？

因為，大多數人看事所謂只看表面，就像斯泰基忽略了鳥籠的潛在功用，所以認定絕不會如卡里所言；但是，當華麗的鳥籠裡空無一物，沒有物盡其用，在外人的眼裡總會有所不解。於是，為了阻擋外人的誤解，斯泰基只好讓步，使得卡里的預言成真了。

其實，斯泰基若能堅持到底，絲毫不在意別人的眼光，他就不會這麼懊惱了，也不會因為人們的誤解，而輸了這場賭局。

畢竟，多數人總是活在習慣的思維裡，大腦根本就沒有進行邏輯思考的能力，他們認定鳥籠裡應該有鳥，不可以只是裝飾的物品，如果你在乎他們的眼光和看法，最後當然會被他們牽著鼻子走。

PART ⑤

心情輕鬆，腦袋自然暢通

仔細回想一下，當你放鬆心情的時候，思路是不是很快地
就能澄清，許多靈感和想像都能激發出來呢？

換個角度思考自己的出路

不要只會從直線的角度思考，解不開問題時不
妨轉個角度，也許癥結正是出在另一端。

　　激發你的思考潛力，想事情的時候不要執拗地只鑽一個孔洞，
或許出口就在這個一直無法突破的洞孔旁邊。有時候，只要你向
後退幾步，開闊自己的視野，重新觀察問題，出口便會豁然開朗
地出現。

　　麥克是某家大廣告公司的高級主管，但是，後來他卻在工作
上遇到難題，面臨了去留兩難的情況。

　　其實，麥克非常喜歡自己所從事的工作，更喜歡付出多少便
得到多少的薪水待遇，但是，他卻越來越討厭阻擋自己更上一層
樓的上司，經過這麼多年的忍受，他覺得自己已經到了忍無可忍
的地步了。

　　幾經思考，他決定透過人力仲介公司協助，重新找分適當的
工作。仲介公司的人看了他的條件後對他說，他想找到一個類似
的工作並不難，很樂觀地請他回去等候好消息。

　　回到家，麥克把跳槽計劃告訴了妻子。

　　麥克的妻子是位高中教師，這幾天她剛好與學生們討論「重

Change your mindset
to flip the future
125

新界定」的概念，於是建議麥克不妨「重新界定」自己的問題。

妻子告訴麥克，所謂的重新界定，就是把你正在面對的問題換個角度想，試著把問題倒過來看，不僅自己要用不同的角度看問題，同時也要從其他人的角度思考問題。

接著，妻子把上課的大概內容講給麥克聽，麥克聽了妻子的話後，忽然有個大膽而兩全其美的創意在他腦中浮現——與其自己離職，倒不如請上司離職。

第二天，他又來到人力仲介公司，這次他想請公司替他的上司找工作。

不久，他的上司接到了人力仲介公司挖角的電話，要請他跳槽到別家公司任職。儘管他完全搞不清楚狀況，但是，他正巧對自己現在的工作感到厭倦，而且對方開出的職位、待遇也相當不錯，所以他一點也不猶豫，立即接受了這分新工作。

由於上司接受了新的工作，他的位置便空了出來，於是麥克立即名正言順地坐上了上司的這個位置，更愉快地從事自己的工作。

這是一個相當有趣的故事，麥克本來是要重新找分工作，躲開令人討厭的上司，但是，因為妻子的一番話，讓他學會從不同的角度去思考問題。

重新界定之後，他仍然做著自己喜歡的工作，不僅擺脫了令人懊惱的上司，還得到了盼望已久的升遷。

雖然麥克的例子並不普通，但面對問題的方法卻仍然通用。不要只會從直線的角度思考，解不開問題時不妨轉個角度，也許癥結正是出在另一端。

想要成為一個成功的人，必須讓自己充滿創意，不畏艱難挫折，堅定向目標挺進。除此之外，遭遇難題之時，更必須發揮應有的敏銳度，試著「重新界定」問題，轉換原本的思考模式。

因為，絕大多數人的失敗，都失敗在不懂得改變自己的想法。

上天要求我們具備三件東西才能賜予幫助：一顆堅定的心，一隻強壯的手臂，和一張緊咬的唇。　　——哈利伯頓

Change your mindset
to flip the future
127

心情輕鬆，腦袋自然暢通

仔細回想一下，當你放鬆心情的時候，思路是不是很快地就能澄清，許多靈感和想像都能激發出來呢？

壓力是扼殺思考與創造力的元兇，面對壓力的時候，不妨置身在自然的環境中。

因為芬多精的催化，會讓想像力特別旺盛，舒暢的環境會令人壓力盡釋，腦袋零阻塞，創意自然暢通無限！

冬天的時候，美國北部經常會有暴風雪發生，而且每一場暴風雪過後，總是壓斷了許多高壓電線，造成重大損失。

為了徹底解決這個問題，美國通用電力公司特別召開了一場討論會，並且鼓勵所有員工和專家們儘量提出建議，暢所欲言。

於是，有人提議沿著高壓電線增置加溫設備，以消融上頭的積雪，還有人提議安裝震盪器，抖掉線路上的積雪……等等，千奇百怪的方法都有，但是大多不可行，不過主持人仍鼓勵大家，儘量多想出一些絕招。

這時，忽然有人幽默地提議，不如用最簡單的辦法，就是下雪的時候，用大掃帚沿著高壓線清掃一回。

有人不以為然地接話說：「那恐怕得請上帝來清掃了！」

　　沒想到這句玩笑話竟激勵了一位與會者的靈感，他想：「要上帝抱著大掃帚來回奔跑，當然是天方夜譚，但是，我們可以用直升飛機來代替上帝，這樣一來不就可行了嗎？」

　　這是一個既簡單又經濟的方法，後來實驗證明非常有效，由此可見，集思廣益的腦力激盪方式，相當有助於開發創造力。

　　相信許多人都曾經體驗過，壓力過大時，很自然地便會鑽進了思考的死胡同裡，再也走不出來。

　　如果你問從事創意的人，如何才能讓自己特別有想像力，相信多數人會告訴你：「把心情放輕鬆，創意自然暢通無限！」

　　把心情放輕鬆，也是培養樂觀態度、激發創意的另一種方式。仔細回想一下，當你放鬆心情的時候，思路是不是很快地就能澄清，許多靈感和想像都能激發出來呢？

改變心態才能翻轉未來

　　想要在這個世界獲得成功，只有兩種方式：一種是靠著自己的聰明才智，另一種是靠著別人的愚昧無知。

——詩人布呂耶爾

Change your mindset
to flip the future
129

培養實力，等於累積財富

> 許多富翁不是他們本來就有錢，而是懂得財富
> 的難得，知道要付出難以計數的努力，充分累
> 積自己的實力，財富才會長久。

仍在努力攀爬階段的你，看到別人坐擁財富的時候，千萬別灰心，因為沒有人不必經歷磨練就能一步登天，或是永久擁有財富。

不要好高騖遠，也不必羨慕、嫉妒，認真踏實地為自己打下成功的基礎吧。

遠古時代，巴比倫有位買賣黃金致富的富翁名叫阿卡德，膝下只有一個兒子，叫諾馬希爾。

當諾馬希爾成年的時候，阿卡德決定把遺產交給他前，讓他先到外面去闖闖，測試他買賣黃金的經營能力，以及有沒有能力贏得眾人的尊敬。

阿卡德對諾馬希爾說，只要他具備了這些才能，他才可以繼承這些遺產。

於是，諾馬希爾帶著父親送給他的兩樣東西，便離開了家鄉。

這兩樣東西就是：一袋黃金和一塊泥板，在這塊泥板上，列著如何保住這袋黃金的五大建言。

　　離開家鄉以後，諾馬希爾歷經了十年的闖盪，歷經了各種磨難，曾經身無分文地流落街頭，也曾被捉去當奴隸。但是，每當遇到不幸的時候，他都會想起父親刻在泥板上的五條定律，告訴自己無論如何都要咬緊牙關撐過去。

　　最後，他不僅保住父親給他的這袋黃金，而且還多賺了兩袋黃金返鄉，十年的歷練讓他證明，自己的無限可能與實力。

　　台灣也有類似的例子，有個老爸爸的財富到達億萬，但是他為了讓幾個孩子有所成就，一家人一直過著貧困的生活。孩子們因此磨練得很有成就，直到分家產時，老爸爸才把事實說了出來。

　　多數人只會看見富翁的財富，卻看不見他們在成為富翁之前的辛苦，甚至包括富翁的子女也看不見。

　　所以，有遠見的富翁會以培養孩子的競爭實力為目標，讓自己的財富能夠長久保留下去。

　　而這也正是富者越富的原因之一，許多富翁不是他們本來就有錢，而是他們比任何人都懂得財富的難得，知道要付出難以計數的努力，充分累積自己的實力，財富才會長久。

　　最精明的生意人往往有以下這種特徵：他們拿著你的手錶告訴你時間，然後大搖大擺地把你的手錶帶走。

　　　　　　　　　　　　　　　　——管理學家羅伯特‧湯賽德

Change your mindset
to flip the future
131

別讓未來停在想像的框框

知道自己想做什麼，也要懂得努力去實踐，就算經常要重新開始，只要有決心，每一個變動都會是美夢成真的實現。

　　為什麼許多人像無頭蒼蠅一樣到處亂竄，一直找不到自己的未來呢？

　　其實，不是他們沒有未來，而是他們不知道自己想要什麼樣的未來，或者是知道了卻只停留在「想」的方框裡一動也不動。

　　美國運輸業巨頭科尼里斯‧范德比爾，之所以能成為叱吒商界的名人，在於及早從輪船航運中發現自己的成功機會。

　　當他看到航運業欣欣向榮之時，內心便相信，自己一定能在這方面有所發展，於是，他毫不猶豫地放棄當時蒸蒸日上的事業，到一艘汽船上，做個年薪只有一千美元的船長。

　　他的決定讓家人和朋友們大吃一驚，但是，他不顧大家的反對，仍決心要在航運業取得非凡的成就。

　　雖然，當時早已有人拿到紐約航行的通行專利，壟斷整個航運業，但范德比爾認為，這項法令並不符合美國憲法公平競爭的精神。

　　他一再聯合其他業者，要求取消這個法令，最後終於獲得成

功，不久之後，他也擁有了第一艘屬於自己的汽船。

當時，美國政府為了處理往來歐洲的郵件，得付出大筆的補貼經費，范德比爾為了提升自己的影響力，便自告奮勇，表示願意提供免費運送郵件的服務。

這個要求很快地就得到了聯邦政府的回應，於是范德比爾開始打著「政府郵務委託公司」的名號，經營他的客運與貨運。

當他的航運事業日正當中時刻，他又發現，像美國這麼一個地域遼闊的地方，人口如此之多，將來在鐵路運輸方面一定也大有可為。

於是，他又積極地投入鐵路事業中，以蠶食鯨吞的手法建立了四通八達的范德比爾鐵路運輸網，奠定了事業上堅實的基礎。

聰明的人總是眼光遠大，不會被事物的表面現象迷惑。

其實，范德比爾的人生觀很簡單，只有兩個重點，一是「知道自己在做什麼，也知道自己想要什麼」，二是「努力實踐自己的理念」。

不景氣的年代，許多正在尋找工作的人，一直把焦點放在「工作」上，往往只會埋頭找工作，盲目傳送個人的履歷資料，一旦問到什麼才是他最想要的，恐怕一半以上都會搖頭說：「不知道」。這樣的人，既不知道自己的人生方向，也不願努力證明自己的價值。

也許有人會說，范德比爾根本是三心兩意，但是別忘了，他的每一項「三心兩意」卻都有所成就。

所以，知道自己想做什麼，也要懂得努力去實踐，就算經常要重新開始，只要有決心，每一個變動都會是美夢成真的實現。

Change your mindset
to flip the future
133

用意志力創造奇蹟

如果在你身上從來沒有奇蹟出現，那麼只要你
現在下定決心，貫徹始終去做好一件事情，奇
蹟很快就會發生的。

日本企業家稻盛和夫曾說：「人生的道路是由心來描繪的。
所以，無論自己處於多麼嚴酷的境遇之中，心頭都不應任由悲觀
消極的想法縈繞。」

想翻轉自己的未來，就必須積極調整自己的心態。你想過什
麼日子，關鍵並不在於外在環境，而在於內在心境。心境決定你
的處境，心態決定你究竟會有怎樣的未來。

人生的開始，是在你跨出的那第一步；奇蹟的發生，是在第
一步跨出之後的堅持不懈。

只要你不放棄，跌倒了會再積極地站起來，就算必須重新開
始，奇蹟仍會適時出現，陪你一起把不可能的任務完成。

美國醫學界曾經發生過一個令人難以置信的案例。

有個叫羅伯特的男孩出生的時候雙腳便瘓了，病因是先天性
胯骨錯位。

醫生搖搖頭對他的父母說，他這一輩子是不可能站起來行走
了。

　　當羅伯特慢慢長大，看見別人能自由自在地走路的時候，心裡非常羨慕，總是不斷地在心裡祈禱，請求上帝幫助自己：「我也要和別人一樣走路，我知道上帝很愛我的。」

　　終於，羅伯特六歲那年，扶著兩把椅子勉強站了起來，但是只要一跨出步伐，想試著走走，便立刻應聲倒地。

　　但羅伯特一點也不氣餒，不斷告訴自己：「羅伯特，如果你想站著走路，就不可以放棄。」

　　意志是一種神奇的力量。他不斷向上帝祈禱，也一次又一次地嘗試，最後居然移動了腳步。

　　這時，羅伯特打從內心狂喜地尖叫了起來，高聲呼喊著：「我站起來了！我能走路了！」

　　家人全都跑了過來，驚訝得說不出話來，他的父母更是喜極而泣。

　　羅伯特不斷地嘗試走路，因為父母親的鼓勵和自己的毅力，後來終於能慢慢像鴨子般滑行。從此，他的生活變得非常快樂，生命充滿了活力和動力。

　　六十多年以後，有一天羅伯特發生了一場意外，造成左膝蓋受傷，隨即被送進醫院，並照了X光。

　　醫生吃驚地看著X光片，來到他的身旁，無法置信地問道：「你以前是怎麼走路的？」

　　因為X光片上顯示，羅伯特的臀部根本就沒有關節，也沒有大腿窩，如何能站起來？又如何能走路呢？

　　最不可思議的是，羅伯特竟然和平常人一樣活動了六十多年，經過醫生告知，才知道自己的臀部沒有關節和大腿窩！

　　世間的奇蹟無所不在，而且，往往只要充滿意志力，就會創造出凡人無法想像的奇蹟。

　　羅伯特的故事，正是意志力創造奇蹟的最佳例子。人的生命裡究竟有多少可能性？羅伯特的用行動回答我們：「人生充滿無限可能」。

　　如果在你身上從來沒有奇蹟出現，那麼只要你現在下定決心，貫徹始終去做好一件事情，奇蹟很快就會發生的。

　　人生的開始，是在你跨出的那第一步；奇蹟的發生，是在第一步跨出之後的堅持不懈。只要你不放棄，跌倒了會再積極地站起來，就算必須重新開始，奇蹟仍會適時出現，陪你一起把不可能的任務完成。

改變心態才能翻轉未來

你無法經由按兵不動的防守策略在世上佔有一席之地，你得藉由攻擊別人並且讓自己熟悉這項技能，方能屹立不搖。

——蕭伯納

隨時與自己對話

只要能突破自己的心防，能在對手發現你的弱
點前，自己先行發現並矯正，那麼就沒有什麼
障礙可以阻擋你前進了。

　　英國政治家狄斯雷里曾說：「如果不知道自己想要什麼，就
不會有機會，只有知道自己想要什麼，知道什麼才適合自己，才
會看到機會。」

　　獨處的時間很重要，再忙也要找個機會和自己面對面，整理
自己成功、失敗裡的缺漏。正視它們，或許將缺點重新包裝，也
會成為你另一個完美的優點。

　　凱斯特原本從事汽車維修工作，日子還算過得去，但是，他
想讓自己和家人過更舒適的生活，所以開始重找工作，希望獲得
更好的待遇。

　　有一天，他聽說底特律有一家汽車維修公司正在招聘員工，
便決定前往一試。抵達的當天，吃過晚飯後，他在旅館房間內想
著自己的過去和未來。

　　突然間，他對前途感到一種莫名的煩惱，他想：「我的智商
又不低，為什麼至今仍一無所成，毫無出息呢？」

　　於是，他拿出了紙和筆，寫下四位自己認識多年，薪水比自

Change your mindset
to flip the future
137

己高，工作環境也比自己好很多的朋友的名字。

　　為了理清問題，他捫心自問：「與這四個人相比，我有什麼地方不如他們呢？是聰明才智嗎？他們並沒比我高明多少。」

　　凱斯特想了很久，忽然發現了問題的癥結，他明白關鍵出在自己性格和情緒上的缺陷。

　　這時雖已凌晨三點，但是他的頭腦卻非常的清醒。因為，這天晚上他清楚地看見了自己，發現自己有著過去一直沒有察覺的自卑傾向。

　　當下，他立定決心，要求自己不再自貶身價，更不再有不如別人的想法，並改進自己性格和情緒上的缺點。

　　第二天清晨，他便滿懷著自信前去面試，也順利地被錄用了。

　　工作了兩年，凱斯特逐漸建立了自己的聲譽，每個人都認為他是個樂觀、主動且熱情的人，即使景氣不好，多數人的情緒因此而受到影響，凱斯特卻一點也不受干擾。

　　不管身處什麼樣的逆境，凱斯特都能樂觀面對，成為同行中，少數可以接到生意的人，公司不僅分給凱斯特股分，還調漲了他的薪資。

　　每當人們問起他如何成功時，他都會想起面試前，那個難得與自己對話的機會，讓他建立自信的那一晚。

　　要看見自己的缺點和弱點，其實一點也不難，只是很多時候，我們習慣用沙土把它掩蓋，卻鮮少想到要將這些生命的缺口縫補起來。

　　從凱斯特身上，我們可以看到，並非所有的成功都得仰賴超凡的智慧，最重要的是，要對自己充滿信心，一發現自己的不足

之處就立刻改善，才能使自己的事業不斷前進，實現自己的夢想。

我們常說：「人最大的敵人不是別人，而是自己」，的確，只要能突破自己，能在對手發現你的弱點前，自己先行發現並矯正，那麼就沒有什麼障礙可以阻擋你前進了。

改變心態才能翻轉未來

對一個人來說，如果想要知道自己該向哪裡進攻，在哪裡據守，往哪裡撤退，那麼別急著研究自己，必須先了解你的競爭對手。
　　　　　　　　　　　　——經濟學家戴維·斯托特

Change your mindset
to flip the future
139

你就是自己最有力的貴人

試著在痛苦或不堪的時候，對著鏡裡的自己反省，為什麼自己會變成這副模樣？相信更能疏通自己的負面思緒，建立起自信心。

　　無論外在環境如何惡劣，無論眼前際遇如何不堪，如果你想增強自己的價值，想讓自己活得更好，那就必須鼓起勇氣面對。當生命遭遇困難之際，只要你願意用積極樂觀的態度面對現實，就能翻轉自己的未來。

　　人生起伏不定，不管順境或是逆境，都是自己的人生。

　　面對困境，有很多唾手可得的解決方法，至於能不能醒悟，其實在於你面對事情與生活的態度。

　　工廠宣告倒閉後，查理失去了所有財富，成了一個名副其實的窮光蛋，不得不四處流浪，過著乞討的生活。

　　每天心情都非常沮喪的查理，一直無法面對這個殘酷的事實，好幾度都想自殺。直到有一天，他遇見了一位牧師，人生才有了轉變。

　　查理一把鼻涕一把眼淚地哭訴著，將自己如何破產、如今流浪的事情，從頭到尾細細地說了一遍，然後請牧師指點，如何才能東山再起。

　　牧師望著他，沉默了一會兒才說：「我非常同情你的遭遇，我也很希望能夠幫助你，但是，很對不起，我實在無能為力。」

　　查理的希望像泡沫一樣，突然間全部幻滅，看著牧師喃喃說道：「難道我真的沒有出路了嗎？」

　　牧師思考了一下說：「我雖然沒能力幫你，但我可以介紹你去見一個人，相信他一定可以協助你東山再起。」

　　「這個人是誰？他真的有能力幫我？」查理有點懷疑地問。

　　於是，牧師帶著查理來到一面大鏡子前，用手指著鏡子說：「我要介紹的人就是他，全世界只有這個人能使你東山再起，所以，只要你好好認識這個人，然後下定決心去做，你就一定會成功。」

　　查理往前走了幾步，愣愣地望著鏡子裡的自己，他用手摸著長滿鬍鬚的臉，望著頹廢的神色中那對帶著迷惘無助的雙眸，不禁啜泣了起來。

　　第二天，查理又來見牧師，不同的是，這一天他幾乎換了一個人似的，不僅步伐輕快有力，雙目更是堅定有神。

　　他對牧師說：「我終於知道我該怎麼做了，謝謝您，是您讓我重新認識了自己，今天我找到了一份不錯的工作，相信這會是我成功的開始。」

　　遇到問題，許多人只會宣洩負面的情緒，讓自己的腦海充滿悲觀、消極的想法，卻不去正視問題。

　　於是，再次遇上相同的困難的，情緒便比上一次更加猛烈，問題的糾結便卡在心中，無法開解之餘，便會成為憂鬱症患者，或是淪為逃避現實的流浪漢，甚至想要以自殺的方式了結自己的

Change your mindset
to flip the future
1 4 1

生命。

　　就像故事中牧師教導查理的，試著在痛苦或不堪的時候，對著鏡裡的自己反省，爲什麼自己會變成這副模樣？

　　解鈴還須繫鈴人，面對面問自己，或直指自己的不是，相信更能疏通自己的負面思緒，建立起自信心。

　　唯有認識鏡中的自己，你才能爲自己明指一條嶄新的人生大道。

 改變心態才能翻轉未來

> 無形的東西：信心和態度，才是成功的決定性因素，因此，你必須先學會控制這些東西。
> ——航空公司執行長赫伯·凱萊爾

真相與荒謬只相差一秒鐘

觀察角度不同,自然就會得到不同的結果,但是有的人不僅觀察力差,還會任意捏造,不願對事件的真實性負責。

當人們觀察眞相的能力薄弱時,片面之詞或以偏概全的情況便會增多,不僅會造成諸多社會亂象,做事更會欠缺謹愼,一旦造成眞相與荒謬的爭論,問題便難以找到解決的辦法。

在一個心理學的會議上,正當與會學者熱烈討論時,突然闖進了一個人,而且這個人身後還緊跟著另一個人,兩人就這麼在會場中追逐,使得整個會場陷入一片混亂。

不久,在後面追著的那個人,在混亂中開了一槍後,便衝了出去。

其實,這是主辦單位精心安排的戲碼,整個過程大約持續了二十秒鐘,主辦單位還將會場裡的情況全部錄了下來。

隨即,會議主席請與會的所有心理學家們,詳細寫下自己目睹的經過。

結果,主辦單位發現,交上來的數十篇報告中,僅有一篇在事實描述上,發生的錯誤少於百分之二十,其他有十四篇的錯誤情況大約百分之四十;另外二十五篇則有百分之四十以的錯誤,

還有二十篇以上的報告中，竟然大部分的細節純屬捏造。

　　類似這種「觀察能力」的實驗，有不少心理學家重複進行了許多次，結果情況都大致相同。

　　這項實驗證明了一個普遍的情況：人在觀察事物的時候經常充滿盲點。

　　觀察角度不同，自然就會得到不同的結果，但是有的人不僅觀察力差，還會任意捏造，不願對事件的真實性負責。

　　這是因為，在事發當時，大多數人都沒看見問題的癥結。

　　實驗所表達的，是人們觀察力不足時的嚴重性，也說明了，真相與荒謬之間的差別，就在於你多專注觀察的那一秒！

　　下定決心之後就不要把時間浪費在猶豫不決。如果我們把猶豫的時間用來做事，那能做成的事將多得驚人。

　　　　　　　　　　　　　　　　——傑佛遜

PART❻

給自己多點鼓勵，
到哪裡都是第一

假使你的能力有限，無法做出一番轟轟烈烈的大事，也不
用灰心，好好發揮你的專長，就是自己的第一名。

每個生命都可能助人擺脫困境

只要能尊重每一個生命，自然也會得到相同的
幫助，學著愛自己以及萬物的生命，就是對自
己最好的生活方式。

　　有一則新聞報導：一名男子在二十年前不小心跌落入河中差
點溺斃，所幸及時被人救起。最近，他的救命恩人腎臟出了問題，
這名男子馬上捐出一顆腎給他，報答當年的救命之恩。

　　這個世界上，很多事情都有因果關係，若仔細去追查就會發
現，事情的發生並非偶然，一切早就安排好了。

　　這樣說來，幸福也能自己掌握。愛心在哪裡開花，就會在哪
裡結果。

　　有一個名叫弗西姆的婦人，住在波西尼亞的一個小村莊裡，
有兩個可愛的兒子和一個在奧地利工作的善良丈夫。有一天，丈
夫從奧地利帶回兩條金魚，養在家裡的魚缸裡。

　　不久，波西尼亞戰爭爆發了，弗西姆的丈夫為了國家犧牲生
命，戰火也毀滅了他們的家園，弗西姆只好帶著孩子逃難到他鄉。
臨行前，弗西姆並沒有忘記那兩條金魚，這是丈夫給自己和孩子
的禮物，而且牠們也是兩條生命，匆忙間，她把金魚輕輕放入一
個小水坑後才出發。

Change your mindset
to flip the future
147

幾年以後，戰爭結束了，弗西姆和孩子們重返家園。

那時家鄉仍是一片廢墟，弗西姆不知道要怎麼做才能重振家園，恢復生機。

忽然，她發現在她曾放入金魚的小水坑裡，浮動著點點金光，仔細一看，原來是一群可愛的小金魚。弗西姆心想，牠們一定是那兩條金魚的後代。她覺得自己看到了希望，就像看到丈夫的鼓勵一樣。

於是，她和孩子們用心飼養那些金魚，相信生活會像金魚一樣，越來越好。

弗西姆和金魚的故事逐漸流傳開來，人們因為這個故事而感動，紛紛從各地趕來，觀賞這些金魚。當然，臨走前也不忘買上兩條金魚帶回家飼養，因為那些金魚象徵著希望。

沒有多久時間，弗西姆和孩子們藉著賣金魚的收入，得到幸福的生活。

這一切都得是源自於弗西姆的愛心，她沒有放棄任何生命生存的機會，哪怕只是拯救兩條金魚。

我們都不是聖人，大多時候無法把事情做到盡善盡美，有時自私了點、小氣了點，可是我們的本性還是善良的。

只要能尊重每一個生命，自然也會得到相同的幫助。就像弗西姆在戰亂匆忙逃亡之際，也記得留給金魚一條生路。

每次飼養寵物的熱潮過後，就見到滿街被拋棄的流浪貓、狗。為了享受短暫養寵物的樂趣，人們讓這些小生命繁殖、出生，再將牠們丟棄，都是非常殘忍、不尊重生命的做法。

人雖然有權決定自己的做法，但也不能輕易踐踏小生命求生

的權利。

　　生命，會自己找到出路，前提是我們必須給牠機會，讓牠有
生存的空間。

　　只要願意傾聽、接納，並且學著愛自己以及萬物的生命，就
是對自己最好的生活方式。

Change your mindset
to flip the future
149

只要有愛，奇蹟就會存在

只要堅信「奇蹟」會發生，事情就會有所轉折。奇蹟會降臨任何地方，只要真誠的心和愛的行為，就可以改變人的一生。

當我們還是個孩子時，信心從來不會動搖。

我們相信有聖誕老公公，在平安夜將禮物放在床頭的襪子裡；認為天空會下雨，是因為海龍王在工作。我們總是活在奇妙與期待的世界裡，就算奇蹟發生，也不會訝異。

直到長大成人，世界沒有改變，可是我們的態度卻改變了，觀看萬物的眼睛也變了，認為「奇蹟」根本是不可能的事。

然而，奇蹟依然常常出現在身邊，只是我們不曾發現。

瑪莎滿十歲的兩個月前，父親不幸身亡，只剩多病的母親和她相依為命。

聖誕節的前一天，母親給了瑪莎全家僅有的五美元，讓她上街為自己買些喜歡的聖誕禮物。

瑪莎拿著錢，去找媽媽的主治醫生奧克多醫生，把五美元遞給他，小聲請地求道：「奧克多醫生，您能為我母親做一次腰椎治療嗎？」

只見奧克多醫生搖了搖頭，無奈地回答道：「瑪莎，五美元

　　是不夠的，最少也得五十美元。」

　　瑪莎聽了失望地走出診所。

　　瑪莎走在大街上，發現在一個角落裡圍了很多人，她擠進去一看，是一個街頭輪盤賭局。輪盤上依次刻著二十六個阿拉伯數字，每個數字都對應一個英文字母。賭局規則是：不管押多少錢，也不管押什麼數字，只要輪盤轉兩圈後，指針停在選擇的數字上，都將獲得十倍的回報。

　　瑪莎猶豫了一會，心想如果贏了，就可以請醫生為媽媽做腰椎治療了。

　　於是她把手中的五美元放在第十二格上。輪盤轉兩圈後，真的停在第十二格，瑪莎的五美元變成五十美元。

　　第二局開始了，輪盤再次旋轉，瑪莎又把五十美元放在第十五格。她又贏了，五十美元變成五百美元，人們開始注意起瑪莎。

　　莊家問：「孩子，妳還玩嗎？」

　　瑪莎沒有回答。

　　第三局開始，瑪莎看著輪盤，遲疑了一下，就把五百美元放在第二十二格。結果，她擁有了五千美元。

　　莊家的聲音顫抖了：「孩子，繼續嗎？」

　　瑪莎沒有理會，認真地望著輪盤。

　　第四局開始時，瑪莎鎮定地把五千美元押在第五格，所有的人都屏住了呼吸。不到一分鐘後，有人忍不住驚呼：「上帝啊，她又贏了！」

　　莊家快哭了：「孩子，妳……」

　　瑪莎看了看莊家認真道：「我不玩了，這些錢足夠請奧克多醫生為我媽媽做長期治療了。」

　　瑪莎走出人群後，圍觀的人都看著她的身影發愣，有人開始

計算連續四次猜對的機率有多少。莊家則像個呆子似地凝望著自己的輪盤，突然喊道：「我知道我輸在哪裡了，那個孩子是用她的『愛』在跟我賭博啊！」

人們這才注意到，瑪莎投注的「十二、十五、二十二、五，四個數字，對應的英文字母正是 L、O、V、E。

人生過程當中，經歷過失敗和折磨，其實並不是什麼壞事，因為，有什麼樣的經驗，就會成為什麼樣的人；經驗越豐富，人的個性就越堅強。只要你堅信奇蹟總會適時出現，就能體會生命的快樂和更深層的意義。

原以為再也找不到的失物，突然出現在屋子的某個角落；彼此交惡的兩人，因為某個微不足道的事情而改變心態；大局已定的比賽，突然出現大逆轉。這些都是「奇蹟」，只是被忽略了。「奇蹟」並非要神像鬍子變長、聖母流淚，才算奇蹟。

人能活在世界上，就是一種「奇蹟」。只要堅信「奇蹟」會發生，並且努力讓它發生，事情就會有所轉折。

就像瑪莎對母親的「愛」，出現永遠不敗的「奇蹟」。

奇蹟會降臨任何地方，只要真誠的心和愛的行為，就可以改變人的一生。

讓生活簡單，就沒有負擔

有很多人總是將生活想得很複雜，使自己無法
輕鬆起來。讓生活簡單一點、幽默一點，別讓
已經夠忙碌的心靈徒增負擔。

人生不如意事十之八九，如果能換個角度，用輕鬆、幽默的
態度看待，一切都會簡單許多。

牛頓說過：「愉快的生活，是由愉快的思想造成的。」

在生活忙碌的步調中，人們都該學會紓解自己的精神壓力，
適時切換腦袋開關，將「緊」轉爲「鬆」，用舒服的身心迎接生
命的下一刻。

只有懂得做自己的生活大師的人，才能讓自己活得輕鬆自在。

一位神父接到主教分配的任務，必須將一千本《聖經》銷售
出去。神父覺得自己只能完成三百本的銷售量，於是決定找幾個
「能幹」的小男孩幫忙賣掉剩下七百本《聖經》。

神父對於「能幹」是這樣理解的：小男孩必須言辭美妙，口
齒伶俐，讓人們欣喜地做出購買《聖經》的決定。

按照這樣的標準，神父找到了兩個小男孩，這兩個男孩都認
爲自己可以輕鬆賣掉三百本《聖經》。即使如此，還是有一百本
沒有著落。

Change your mindset
to flip the future
153

　　為了完成主教分配的任務，神父降低了標準，找來了第三個小男孩，給他的任務是「儘量賣掉」一百本《聖經》，因為第三個男孩有嚴重口吃的毛病。

　　五天過去，那兩個小男孩回來了，向神父報告販賣的情況並不是很好，他們兩人加起來只賣了二百本。神父覺得不可思議，為什麼兩個人總共只賣掉二百本《聖經》呢？

　　正在發愁的時候，那個口吃的小男孩也回來了。他的《聖經》全部都賣完了，而且還帶來一個令神父激動不已的消息，他的一位顧客願意將剩下的所有《聖經》都買回去。

　　這意味著神父將賣掉超過一千本的《聖經》，無疑地會更受主教的青睞。

　　神父感到非常迷惑，自己看好的兩個小男孩讓自己失望，而當初根本不當一回事的小結巴卻成了自己的福星，神父決定問問他是怎麼辦到的。

　　於是神父問小男孩：「你講話都結結巴巴的，怎麼會這麼順利就賣掉我所有的《聖經》呢？」

　　小男孩答道：「我……跟……見到的……所有……人……說，如果不買，我就……唸《聖經》給他們……聽。」

　　有句話是這樣說的：「沒有幽默感就像是車子沒有避震器，每個小坑洞都會使你顛簸不已。」

　　當你看完這則幽默的小故事時，可能忍不住哈哈大笑，然後思考一個嚴肅的課題：「人們生命中的缺陷，有時候反而會成為一種助力。」

　　其實，很多事情並沒有想像中複雜，可是偏偏有很多人總是

將生活想得很複雜,使自己無法輕鬆起來。

　　就像故事中的神父,把「賣聖經」這個任務看得太嚴肅,擔心要賣的數量、未來的前途、小男孩結巴的缺陷⋯⋯種種的問題讓他的心情起起伏伏,無法平靜,在想太多的情況下,一切都變得不簡單。

　　讓生活簡單一點、幽默一點,別讓已經夠忙碌的心靈徒增負擔。

Change your mindset
to flip the future
155

給自己多點鼓勵，到哪裡都是第一

假使你的能力有限，無法做出一番轟轟烈烈的大事，也不用灰心，好好發揮你的專長，就是自己的第一名。

每一個人要能走出自己的路，不管這條路是寬廣或狹隘，只要能通到彼岸，就不必在乎路的大小。

社會上，存在著無形的階級制度，有來自外界的排名，也有自己給自己的排名。相互比較是人們無法改變的習性，也因為這樣而有了競爭。

最初的成功，不代表永遠的第一，就像跑馬拉松，贏得好成績的人，最開始不一定是跑最快的那一個。

所有的競爭只有一個要點，那就是有沒有接受挑戰的勇氣，以及堅持下去的毅力。

一個成績中等的孩子，每次看到隔壁同學輕輕鬆鬆就考了第一名，而自己卻努力了很久才得到第二十一名而已，不禁感到很疑惑，為什麼自己的成績只能排名中間？

有一次回到家後，他認真地問媽媽：「我是不是比別人笨呢？我上課跟大家一樣認真的聽講，回家也好好的複習功課，把作業寫完，為什麼還是趕不上別人？」

母親聽了孩子的話心裡很難過，她知道學校的排名制度傷害了兒子的自尊心，也曉得他是真的盡力了，因此不知道該如何回答他。

又一次考試，孩子考了第十七名，隔壁的同學還是得到了第一，回家後他又問了媽媽相同的問題。那時媽媽心裡想著，人的智商的確有高低的差別，能考第一名的天生就是比別人聰明，但是她沒有說出口。

有時候，母親會想說出成千上萬的父母不斷重複的那幾句話：「你還不夠用功，必須多花一點時間在功課上，不要再貪玩了。」

但是她覺得，自己的兒子並非不努力，她不想再增加孩子的心理負擔，因此不斷的思索著該如何找到一個好答案。

直到孩子小學畢業，他的功課仍然沒有迎頭趕上，不過與過去比較，他的成績確實一直在進步。為了鼓勵孩子，母親終於找到一個完美的答案。

她帶著孩子到海邊，坐在沙灘上觀望著海浪，指著大海對兒子說：「你看那些在海上爭食的鳥兒，當海浪打來時，小灰雀總能快速的飛起來，拍個翅膀兩三下就升上天空，躲過海浪的襲擊，但體型較大的海鷗，就要笨拙地花上很長的時間，才能從海面飛上天空。然而，真正能飛越大海橫過大洋的，卻是海鷗了。」

因為這個答案，孩子再也不擔心他的排名，努力地求進步，最後以全校第一名的成績考上一所好大學。

聖嚴法師講過一個小故事，小時候，有一次和父親在家鄉的河邊漫步，正巧看到一群鴨子要渡河，聖嚴法師的父親指著鴨子告訴他：「孩子，你看每一隻鴨子在水面上都游出屬於自己的一

Change your mindset
to flip the future
157

條水路。大鴨游出大路、小鴨游出小路,但是,最終牠們都會游到對岸。」

影響一個人最深、最長遠的,就是家庭教育。學校雖然可以傳授知識,卻無法涵蓋所有的生活面,這時候家長就扮演一個很重要的角色。

父母和師長真正的責任,是去了解孩子們的才情,而不是光以成績單、考卷分數來評斷孩子的好壞,應該給予他們多一點欣賞和鼓勵。

假使你的能力有限,無法做出一番轟轟烈烈的大事,也不用灰心,因為世上的平凡人佔大多數。只要記住天生我材必有用,好好發揮你的專長,就是自己的第一名。不管你落點在哪兒,都是第一名。

想要快樂，你就會活得更快樂

為什麼將自己關在情緒的集中營裡面呢？如果能換一個心態，調適自己，多點幽默感、多看光明面，世界將會有所不同。

有些人覺得每天上班的日子苦不堪言，一到公司就等下班；也有些人覺得自己很難快樂得起來，生活總是充滿挫折與不滿。

其實，「境由心生」，心中滿是喜樂的人，日子也會過得喜樂呢！

有一位名叫維克多的猶太裔心理學博士，曾經在德國納粹集中營被關了很長一段時間。

在集中營裡，許多人飽受凌辱，瀕臨瘋狂。維克多知道，如果控制不好自己的情緒，很難免於精神失常的厄運。

於是，他強迫自己不再去想那些倒楣的事情，而是在心裡幻想著自己走在演講的路上，來到了一間寬敞明亮的教室裡，精神飽滿地發表演說。

每次想到這些，他的臉上就會慢慢地浮現出笑容。

他每天都強迫自己想一些值得高興的事情，也堅信自己不會死在集中營裡，一定會活著走出去的。

當他從集中營中被釋放出來的時候，精神狀態十分好，他的

朋友簡直難以置信一個人可以在煉獄裡保持這樣健康的心態。

　　你覺得自己算不算負面情緒太多的人？

　　是否對什麼都不滿意，整天對周遭批評東、批評西，一下子嫌這個不好，一下子嫌那個糟糕，不喜歡自己也不喜歡他人，生活過得非常不快樂？

　　維克多所在的地方可以說是人間煉獄，但他卻能說服自己，讓自己即使在最可怕的環境中，仍能保持健康正常的心態，這是非常難得的。

　　我們置身的環境當然不是納粹集中營，但為什麼還有這麼多人將自己關在情緒的集中營裡面呢？

　　如果能換一個心態，調適自己，多點幽默感、多看光明面，把最糟的事當做是磨練、考驗，以欣賞代替嫉妒，以鼓勵取代責罰，世界將會有所不同。

　　親愛的朋友，生活在複雜的人際社會，何不試試維克多的這個好辦法？只要你想快樂，誰能剝奪你快樂的權利呢？

身體衰退不影響培養興趣的機會

或許年歲會造成身體上的衰退，但是並不影響
培養樂趣的機會。只要能專注於一件感興趣的
事，年齡往往可以忽略不計的。

很多年輕人非常不喜歡和老人家相處，而且對於自己有一天
也會衰老這件事感到十分惶恐。

他們眼中的老人，就是思想迂腐，跟不上時代，不懂得生活
情趣的無聊族群，他們害怕自己有一天也會變成這樣的人。

年紀增長，代表經驗和體驗也增加了，通常更應懂得享受人
生。可是，很多上了年紀的人，即使沒有生活上的困擾，也不知
道自己可以做些什麼。

哈里‧萊伯曼是個很喜歡下棋的老人，每天都會到老人俱樂
部和棋友下好幾個小時的棋，然後再散步回家，日子過得閒適且
安逸。

有一次，哈里‧萊伯曼的棋友突然生病了，沒辦法和他下棋。
俱樂部的管理員安排了其他老人做他的棋友，可是他覺得不太適
應，所以就停止下棋了。

當他心情沮喪，準備回家時，俱樂部管理員建議：「你可以
嘗試另一種娛樂方式啊！例如，畫畫如何呢？」

Change your mindset
to flip the future
161

聽了管理員的建議，哈里‧萊伯曼走進俱樂部的畫室，畫室裡擺著許多畫，還有完整的作畫工具。

俱樂部管理員說：「先生，您可以先在這裡試著畫畫看。」

他聽了哈哈大笑：「要我在這裡作畫？可是，我從來沒有摸過畫筆！」

俱樂部管理員鼓勵他說：「那又有什麼關係？您可以試著畫一幅，說不定會很感興趣呢！」

於是，哈里‧萊伯曼走到畫架前，平生第一次擺弄起畫筆和顏料。他在畫室裡整整待了一個下午，覺得這一切真是有趣極了，開始對畫畫產生興趣。

那一年，他八十歲。

哈里‧萊伯曼決定到學校學畫畫。大家聽了，都以為他在開玩笑，一個八十歲高齡、頭昏眼花的人，能學好畫嗎？況且，他還剩多少時間來畫畫呢？

哈里‧萊伯曼不在意別人的眼光，進入學校，把自己的時間全部傾注在繪畫上，畫得不但好，而且很特別。

一九七七年，洛杉磯一家頗有名望的藝術陳列室舉辦了以「哈里‧萊伯曼一○一歲」為主題的畫展，他的作品富有活力和想像力，運筆、意境俱佳，得到評論界高度的評價，被許多收藏家高價收藏。

哈里‧萊伯曼創造世界畫壇的兩個奇蹟，一是高齡學畫，二是畫有所成。

許多人看到別人曼妙起舞、專著作畫、愉快彈琴時，總會感嘆到：「唉，我老了，再也沒有體力來做這些事。」

　　或許年歲會造成身體上的衰退,但是並不影響培養樂趣的機會,仍可選擇適合自己從事的興趣。

　　別太快放棄生活的樂趣,只因認為「那些是年輕人的活動」。不妨聽從內心的渴望,趁還有體力時好好享受它。就連美國前總統老布希,也不肯放棄平日樂趣,在八十大壽那年跳傘慶生呢!

　　孩子討厭變老,其實是大人的責任。因為大人所表現出的「老態」,讓孩子對「年老」一事厭惡。如果年紀大的人也可以好好規劃生活,培養興趣,就能成為別人眼中的「帥」爺爺、「酷」奶奶。

　　只要能專注於一件感興趣的事,年齡往往可以忽略不計的。

Change your mindset
to flip the future
163

需要時的滿足，就是一種幸福

當幸福變得理所當然時，幸福就再也不幸福了。人在「需要」的時候，感受力也特別強烈，得到滿足後，才能產生幸福感。

若有人突然問你：「你覺得什麼是幸福？」有辦法在短時間內說出屬於自己的一百個幸福理由嗎？

許多人常常喊著：「我要幸福！我要幸福！」可是問他們要什麼幸福時，卻又答不出個所以然。

每個人都在追求幸福，想盡辦法努力把「它」弄到手，可是在追求的過程中，反而為自己帶來許多煩擾。

因此就該清心寡慾，無所求嗎？除了聖人，大概極少人可以完全辦到。到底要怎樣才能得到真正的幸福呢？

從前有個心地善良的人，一生以幫助別人為最大的快樂。在他死後，上帝就派天使接他進天堂享福，可是他卻告訴上帝：「我不想進天堂，如果可以，我希望能繼續為人類服務。」

於是，上帝讓他當了天使，進入凡間幫助那些困苦的人，希望每個人都能感受到幸福的味道。

有一次，天使遇見一個農夫，農夫愁眉苦臉對天使訴說：「我家的水牛最近死了，沒牠幫忙犁田，我根本沒辦法下田耕作。眼

看播種的日子就快到了，我該怎麼辦才好？」

於是，天使賜給他一頭健壯的水牛，農夫高興得手舞足蹈。天使在他身上感受到幸福的味道。

又一日，天使碰到一個男人非常沮喪的坐在樹下，原來他的錢在路上被騙光了，沒盤纏回家鄉。

於是，天使給他銀兩做旅費，男人很高興地揮手上路，天使在他身上感受到幸福的味道。

就這樣，天使幫助許多人得到幸福。就在天使準備離開小鎮，往另一個村莊前進時，碰見一個詩人。這個詩人年輕、英俊、有才華且富有，妻子貌美而溫柔，可是他卻一點也不快樂。

天使好奇地問他：「你是許多人羨慕的對象，為什麼還活得不快樂呢？」

詩人對天使說：「我的確什麼都有，可是少了一樣東西，你能給我嗎？」

天使回答說：「可以，你要什麼我都可以給你。」

詩人直直地望著天使，認真說：「我要的是幸福。」

這個請求一下子把天使難倒了，看著這個什麼都有的男人，天使想了想，然後把詩人所擁有的全都拿走。

天使拿走詩人的才華，毀去他的容貌，奪去他的財產和妻子的性命，做完這些事後，便離開了。

一個月後，天使再度回到詩人的身邊，那時詩人餓得半死，衣衫襤褸地躺在地上掙扎。天使便把他的一切還給他，然後又離去了。

半個月後，天使再去探望詩人。

這一次，詩人摟著妻子，帶著滿滿的笑容不停地向天使道謝。因為，他得到幸福了。

　　作家賀伯曾經說過一句話，值得我們深思：「雖然你無法改變自己的處境，但是你卻可以改變自己的心境。」

　　幸福與不幸，其實都是心靈的活動與感受；很多時候，並不是環境虧待我們，而是我們對幸福的感受度變得薄弱。

　　還記得家裡裝了第一台冷氣的那晚，全家人擠在一個小小的房間裡，聽著「轟隆轟隆」的馬達聲入睡。

　　那時，幼小的心靈覺得好滿足、好幸福。

　　反觀現在，冷氣成為一個家庭的基本配備，只要走進商家、辦公室，迎面而來的都是舒服的冷風。冷氣所帶來的感受，已經沒有當年強烈了。

　　當幸福變得理所當然時，幸福就再也不幸福了。

　　人在迫切「需要」的時候，感受力也特別強烈，必須得到滿足之後，才能產生濃濃的幸福感。

　　就像詩人從「有」到「無」，再從「需要」而「得到」的過程中，學習到什麼叫做幸福。

　　或許在追求幸福之前，必須了解到幸福的本質就是，當我們需要的時候得到滿足，就是一種幸福。

改變心靈，就能改變人生

> 「心靈」運轉能讓我們在體會生活的同時，去
> 思考生命的意義，更進一步影響自己的為人處
> 世，改變自己的人生。

蘇格拉底相信：「缺乏好奇，一個人的推論判斷能力就無法培養。」

有多久沒有真正的靜下心去感覺、思考、體驗生活了？離開校園後，人們為了生存，做著日復一日單調的工作，對生命的熱情就這樣一點一滴的磨掉，變成所謂長大後的穩重與成熟。

為了生活而生活，上蒼給我們的寶貴生命真的如此簡單嗎？

很多的夢想被實現，也有很多夢想被遺忘在角落。遺忘並不代表不存在，而是少了一種激素去喚起沉睡的心。

午後的一間教室裡，雷諾老師正在為大家上英文課。他發給全班同學一人一張紙條，紙上列出了同學們的各種想法，接著他要全班同學在裡面選出一句自己認同的話，把它當成依據，寫出一篇作文來。

十歲的安潔拉選擇了：「我不明白為什麼事物會是現在這個樣子。」

安潔拉是一個隨時帶著問號的小女孩，老是一個人思考著事

物的本質，但是沒有人告訴她答案，因此常處於迷惑中。

交完作文後，安潔拉心中有點不安。

她的文章裡，並沒有把「爲什麼會這樣」的答案找出來，因爲她自己也不知道。

第二天，當全部的人都拿到老師發回的作文時，只有安潔拉沒有收到，她緊張得坐立不安，搓著雙手。雷諾老師笑眯眯地看著大家，對全班說：「我這兒有一篇作文寫得很特別，我們請文章的主人上台來爲我們朗誦。」

安潔拉用不可思議的眼光望著老師，老師朝她點點頭，安潔拉不好意思地走上台，大聲唸出了她的作文。

「爲什麼事物都是現在這個樣子呢？」

「媽咪，爲什麼太陽不發出藍光？」

「媽咪，爲什麼玫瑰是紅色的？爲什麼風吹來時小草會擺動呢？」

「爹地，爲什麼飛機會越飛越小？坐在裡面的人也會跟著變小嗎？」

「爹地，爲什麼我一定要在十點以前上床睡覺呢？」

「老師，爲什麼我必須到學校讀書上課呢？」

「媽咪，爲什麼我不能穿上妳的高跟鞋去參加舞會呢？」

爲什麼只有孩子才能提出一連串看似幼稚又發人深省的問題呢？爲什麼天空是藍色，卻發出金黃色的光芒？我們曾經花時間來思考這樣的問題嗎？還是一直被所謂的人生大事困擾著呢？

當我們停止了對學習和生活的熱情，我們的心靈就會因爲長久不用而「變老」，即使身體還年輕。

　　如果你說：「只要生活過得去，沒有了這些有那麼重要嗎？」

　　追求更上一層的生活是每個人都認同的，想要在生活中脫穎而出，必定要有過人之處。「心靈」運轉能帶來這一切，讓我們在體會生活的同時，思考生命的意義，更進一步影響自己的爲人處世，改變自己的人生。

　　讓我們回歸孩童的心，用十歲的眼睛來看世界，會發現還有很多的驚奇值得我們去探索。

情感的發揚，能獲得無限力量

愛是可貴的。只要存在，哪怕只有一點點，也可以發出無限力量。讓我們珍惜心中的愛，成為自己和他人的上帝。

友人受洗為基督教徒後改變許多，以往悲觀、偏激的個性漸漸改善。她常說，上帝總在她感到疑惑時給她答案，有時來自電視節目的某個觀點，有時是書裡出現的一句話，有時也會藉由旁人無心的回答得到一些啟發。

是的，每個人心中都有屬於自己的守護神，在需要的時候，適時給予幫助。它可能來自任何地方，也可能化成不同形體，只要我們願意打開心胸，接納它的建議和忠告。

在美國的大街上，一個小男孩捏著一美元硬幣，在一家家商店不停詢問著：「請問您這兒有賣上帝嗎？」

有些老闆聽了直接搖頭，有的則認為他故意搗蛋，不耐煩地將他攆出店門。眼看天就快黑了，小男孩已經跑了二十八家商店，還是找不到他要的，但是他仍然沒有放棄。

就在他走進第二十九家商店時，老闆熱情地接待男孩。那是個六十多歲的老頭，滿頭銀髮，慈眉善目。

他笑瞇瞇地問男孩：「告訴我，孩子，你買上帝要做什麼？」

男孩流著淚告訴老頭，他叫邦迪，父母很早就去世了，他是被叔叔帕特魯普扶養大的。叔叔非常愛護他，不但每天陪他讀書，還教他許多做人的道理。但是，不久之前，從事建築工作的叔叔從高架上摔了下來，至今昏迷不醒。醫生說，只有上帝才能救他。

邦迪心想，上帝一定是種非常奇妙的東西，因此他要把上帝買回來，讓叔叔吃了，傷就會好。

老頭聽著聽著，眼眶濕潤了，問邦迪：「你有多少錢？」

邦迪老實回答：「只有一美元。」

「孩子，現在上帝的價格正好是一美元。」老頭接過硬幣，從貨架上拿下一瓶「上帝之吻」牌飲料，對男孩說：「拿去吧，孩子。你叔叔喝了這瓶『上帝』，就沒事了。」

邦迪想也沒有想，便把一美元遞給了店主，然後欣喜地抱著飲料，迫不及待衝回到醫院。

一進病房，他就開心地朝病床大叫：「叔叔，我把上帝買回來了，你很快就會好起來了！」

不久，帕特魯普真的康復了。出院之時，他看到醫療費帳單上那個天文數字，差點嚇昏過去。

可是，院方卻告訴他，有個老頭幫他把錢付清了，而且是他請了世界上頂尖醫學專家所組成的醫療小組，來到了醫院幫他治療，採用最先進的技術，才治好帕特魯普的傷！

原來那老頭是個億萬富翁，退休後在市區隱居，開了家雜貨店打發時間。帕特魯普激動不已，立即和邦迪前去道謝。

可是，老頭已經把雜貨店賣掉，出國旅遊了。他和邦迪只好心懷著感激，繼續過著平淡、幸福的生活。

突然有一天，帕特魯普接到了一封信，是那老頭寫來的，信中說：「年輕人，您能有邦迪這個侄兒，實在是大幸運了。為了

Change your mindset
to flip the future
171

救您，他拿著一美元到處購買上帝！感謝上帝，是他挽救您的生命。但您一定要永遠記住，在這個世界上，真正的上帝是人們的愛心。希望您以後還能繼續教育他做人的道理。」

蘇聯作家索忍尼辛曾說：「生命最長的人，並不是活得最久的人。」

生命的用途並不在長短，而在於我們怎麼利用它，許多人活的日子並不多，卻活了很長久，因為，這些人懂得如何做自己的生活大師，懂得讓自己如何在最短暫的歲月當中，活出最美麗璀燦的人生。

上帝常常透過不同方式教導人們，可惜我們往往聽而不聞，視而不見。那是因為，在忙碌的生活裡，人們不知不覺遺失心中的愛，對萬物失去熱忱，讓過多的自我佔據心中所有的空間。

然而，愛是可貴的。只要存在，哪怕只有一點點，也可以發出無限力量。讓我們珍惜心中的愛，成為自己和他人的上帝。

PART 7

不斷超越別人，
也不斷超越自己

愛因斯坦對於自己的理論，一直抱著「一種發現的過渡」，

人也應該如此，必須不斷超越別人，也不斷超我越自我。

想解決事情,請轉個彎思考

有許多解決不了的情況,並不是無法解決,而
是沒找到正確的方法,因此,別只會用一套思
考方法去面對問題。

狹隘的思考態度,往往會讓人放棄了寬廣的視野,結果必然
產生思考能力的窒礙。

唯有跳出思考的慣性,換個角度看事情,人生中的許多看似
無解的難題才會迎刃而解。

換個想法,就能找到方法。試著把你的思路扭轉一下,只要
靈活你的審視角度,便能把每一件事都圓滿解決。

古時候,滄州南方的河邊,有一座古老的寺廟。

有一年,這座古剎遭遇了一場暴風雨侵襲,強大的風雨毀壞
了寺院,也把寺廟前的一隻百年石獅沖入了河中。

幾年之後,僧人們四處勸募,募集了足夠的資金,準備重新
修建寺廟,也開始進行打撈石獸的工作。

剛開始時,眾人只在廟前附近的河沙中尋找,但是找了很久
都沒有找到,因而有人提出,恐怕是當時的水流太大,把石獸沖
到下游去了。

於是,大家便再順著水流一路尋找下去,卻仍然未見到石獸

的蹤影。

正當大家一籌莫展時，有位老師開口說：「石獸材質堅實，一旦掉進了沙性鬆浮的河底，想必會漸漸地沉了下去，而且會越沉越深，你們不如往河床底下尋找、探挖，如此才有可能找到石獸。」

在場的人聽了他的分析後，都覺得很有道理，紛紛往河底深挖，但是，仍然沒找到這隻石獅。

這時，有一位老水手聽到這個消息，卻不以為然地笑著對大家說：「要尋找石獸，應該到河的上游找才對。」

這個匪夷所思的講法引起大家的質疑，多數人都認為，石獸又不會長腳，哪會逆流而上跑到上游去呢？

老水手發現大家疑惑的神情，便分析說：「正因為石頭材質堅實沉重，河沙鬆浮，所以當石獸掉進了河底，水流沖不動石獸，卻會沖刷石獅底下的河沙，慢慢地形成了坑穴，久而久之，石獸的重心便會向前傾，接著向前翻轉進坑穴中。河水不斷地沖激，石獅不斷地翻轉，日復一日，石獸便逆流而上了。」

人們聽了老水手的話後，認為頗有道理，決定試一試，果然讓他們在不遠處的上游河床中找到了石獸。

面對生命中的各種難題，用不同的角度解讀，往往會得到不一樣的結果。只要試著改變應對的態度，換個角度重新檢視，就可以輕鬆改變自己的前途。

唯有改變心態，才可能擁有美好的未來。

任何事都有一體兩面，因此解決的方法，也應該分成正反兩種。如果我們只習慣用某種思考方式去解決問題時，那麼就會陷

入了盲目的慣性中。

　　這種情況就有如故事中，眾人依照慣性思考，認為石獅必定會被沖到河下游，而一味在下游河床挖尋，結果當然一無所獲。

　　其實，有許多解決不了的情況，並不是無法解決，而是沒找到正確的方法，因此，別只會用一套思考方法去面對問題。

改變心態才能翻轉未來

　　我不知道「投機」什麼時候變成不好的字眼，就我所知，沒有任何進步不是經由投機促成的。　　——史坦貝克

Change your mindset
to flip the future
177

當個淘金客，不如做個冶金人

聰明的人會在被挖走金礦的土地上，試著創造另一個發財的奇蹟，而不是黯然放棄這片看似荒蕪的土地。

十九世紀，美國加州各地掀起了陣陣淘金熱。

儘管有人眞的因爲挖掘到黃金而衣錦還鄉，但是，大多數發財致富的人，靠的是另類的辦法。

例如，李維發明了「李維牛仔褲」，賣給淘金客而大發利市，賣圓鍬、賣鏟子，甚至賣水的，都從中獲得了比淘金客更多的財富。以下則是一個另類的發財故事。

自從傳出有人在薩文河畔發現金沙之後，淘金客便從四面八方湧入。

他們尋遍了薩文河的整個河床，還在河床上挖出了許多大大小小的坑洞，每個人都希望自己能找到金礦，成爲人人羨慕的大富翁。

結局是幾家歡樂幾家愁，有人挖到了金礦，開開心心地抱著金礦返回家鄉，但也有人一無所獲，最後敗興而歸。

當然，也有人不甘心夢想落空，繼續駐紮在這裡尋找「希望」，彼得‧弗雷特便是其中之一。

　　他在河床附近買了一塊土地，搭起小木屋，把所有的希望都押在這塊土地上。為了尋找金礦，他日以繼夜地在這塊土地上努力工作。

　　但是，埋頭苦幹了好幾個月，偌大的土地也被挖得坑坑巴巴，他卻連一粒金沙都沒有發現。

　　熬了六個月之後，他身上連買塊麵包的錢都快沒有了，這才不得不覺醒，決定另謀出路。

　　然而，就在他即將離去的前一天晚上，天氣忽然驟變，下起了傾盆大雨，而且一連下了三天三夜。

　　第四天，大雨終於停了，彼得走出了小木屋，卻發現眼前的土地完全變了個樣，與先前完全不同，那些坑坑巴巴已被大水沖刷平整，一大片土地變得鬆軟許多，似乎有許多綠茸茸的小草就要冒出來了。

　　彼得看著這片土地，忽然靈光一閃：「我在這裡雖然沒找著金子，但是土地仍然是我的啊！如果在這麼肥沃的土地種花，我就可以將鮮花運到鎮上去販售，這麼一來，我不是也能賺到許多錢？只要努力工作，那麼有朝一日，我也會成為富翁……」

　　彼得認真地望著鬆軟的土地，彷彿看到了另一個未來的希望。他用力地吸了一口氣，然後對著土地喊叫：「我不走了！我要在這裡種花！」

　　彼得真的留下來努力地開墾土地，研究花卉品種，認真培育這些花苗。

　　很快地，各種美麗嬌艷的花朵，在這一大片土地上嫣然綻放。

　　當彼得把鮮花運送到鎮上去販售時，許多顧客都稱讚道：「哇！你們看，這些鮮花多麼美麗，我們從沒見過這麼鮮艷的花朵！」

因為彼得的花比別人的便宜，品質也比別人好，許多商家紛紛找他購買，才幾個月的工夫，他便成為花市的唯一供應商。

五年後，彼得真的實現了夢想，完成了成為大富翁的願望。

聰明的人知道，當別人已經把一塊土地裡的黃金挖走了，就不能再指望這塊土地會繼續冒出黃金。

所以，聰明的人會在這塊土地上，試著創造另一個發財的奇蹟，而不是黯然放棄這片看似荒蕪的土地。

就像彼得一樣，從一無所獲的淘金客，轉變為成功的花卉供應商，其中的關鍵，正是他將自己轉換為「金礦」的創造者。

沒有人不想擁有財富，每個人都希望自己能擁有永久的財富，但是，財富要從哪裡來呢？

金礦再多，總會有被挖光的一天。只要你不再只想當個不切實際的淘金客，能腳踏實地創造自己的財富，你的財富自然能長長久久。

改變心態才能翻轉未來

證據顯示，當人類面對不確定性時，所有的決定和選擇，都只是在重複非理性、不一致性及無能而已。

——經濟評論專家柏恩斯坦

不斷超越別人，也不斷超越自我

愛因斯坦對於自己的理論，一直抱著「一種發現的過渡」，人也應該如此，必須不斷超越別人，也不斷超我越自我。

不要讓自己的心靈和思維受到束縛，勇敢去創造自己的人生吧！

沒有什麼事是絕對的，也沒有人是零缺點的。

再偉大的人都不敢說自己是百分百正確了，那麼，你又何必再當個盲目的應聲蟲，一味按照別人的意見行事？

在某次國際物理研討會上，愛因斯坦剛完成演說，正等著台下的聽眾提出詢問，與他進行互動。

這時，有個年輕人從座位上站了起來，不客氣地說：「愛因斯坦教授，您的演講非常精彩。但是，我認為第二個方程式不能從第一個方程式中推斷出來，我們只能把它當作一個未經證明的假設，而且，這個假設也不一定會按照您的理論維持不變……」

在權威的科學家面前，竟然有人敢提出反駁和個人的見解，與會者全都驚訝地回頭，看看是哪個年輕人這麼不知天高地厚。

但是，站在講台上的愛因斯坦卻絲毫不以為意，反而因為這個年輕人的發言而感到興奮不已。

他很用心地傾聽過後，便面對黑板沈思了很久。

Change your mindset
to flip the future
181

　　忽然，他擦掉了黑板上的所有記錄，對大家說：「這位年輕人說得非常正確，請在座的各位把剛剛聽到的東西全忘了吧！」

　　這位勇敢指正愛因斯坦錯誤的年輕人，正是日後被人們譽爲「科學怪傑」的前蘇聯物理學家——朗道。

　　什麼才是眞理？

　　愛因斯坦說：「無論在自然科學、還是社會科學中，眞理都是相對的，而眞理的相對性，正是對局部的否定。」

　　從這個角度來看，也許我們信守已久的眞理，其實是假的，或許我們一直否定的事才是眞理。

　　時間會反覆驗證一切，今天被認爲是合乎眞理的認識，也都有它的期限，有一天也會顯露出錯誤的一面。

　　愛因斯坦與朗道的互動正說明了一個事實：這個世界上沒有絕對顛撲不破而又恆常的眞理。

　　既然如此，那麼，你爲什麼還在謹守什麼人告訴你的理論和教條，不敢勇於嘗試、突破？

　　愛因斯坦對於自己的理論，一直抱著「一種發現的過渡」，希望後人能研究出更新的成果，用來否定它，甚至超越它。人也應該如此，必須不斷超越別人，也不斷超我越自我。

改變心態才能翻轉未來

　　你唯一能做的是利用現有的資源去獲得成功，如果一味幻想不存在的狀況，那就是在浪費時間及生命。

　　　　　　　　　　　　　　　　　　——克萊恩博士

成功沒有固定公式

活化我們的思考能力，不要讓固定的概念阻礙
了我們的思路，這才是我們真正的生活之道。

　　人必須不斷檢討自己的失敗經驗，並且從中獲得全新的創見，
如此才能不斷強化自己的思維能力，走出一條通往成功的智慧道
路。

　　成功沒有固定的模式，唯有清除思考上的絆腳石，人才可能
創造讓別人刮目相看的成果。

　　有位教授為了研究黑猩猩的智商到底到達什麼程度，曾經做
了一項實驗。

　　他將一串香蕉懸掛在房屋的天花板上，高度讓黑猩猩即使拚
命往上跳也搆不著。另外，教授也在房間的角落裡堆放了幾個空
木箱。

　　這個實驗的目的是，如果黑猩猩懂得去搬動那些空木箱，並
將木箱疊高，成功地摘取香蕉，那麼這便說明了，黑猩猩具有應
用工具的智慧。

　　實驗開始之後，教授和學生們一起進行研究，並且仔細地觀
察黑猩猩在房裡的一舉一動。

Change your mindset
to flip the future
183

　　起初，黑猩猩不斷地以跳躍的方式，企圖摘取香蕉，但是每次都失敗，不久後牠便放棄了，只是靜靜地蹲在牆角，無可奈何地望著天花板上的那串香蕉。

　　黑猩猩偶爾會經過木箱旁，但是，卻對木箱一點反應也沒有。

　　這個實驗進行了好幾天，情況似乎陷入膠著狀態，一點進展也沒有，教授只好走進實驗室裡，背著手在房裡踱步，思考著下一步要怎麼做。

　　沒想到在這個時候，卻發生了令人意想不到的事。

　　當教授接近香蕉的位置時，這隻黑猩猩突然竄了上來，然後搭著教授的雙肩一躍而上，就這麼將天花板上的香蕉輕鬆地摘取下來。

　　教授對這突如其來的情況，驚訝得說不出話來，因為，他從沒想到實驗的結果竟然會是這樣。

　　當你在尋找問題的解決方法，或是在學習、研究時，你是堅守著既定公式，還是會試圖尋找創新的方法？

　　如果你抱持著既定的公式，有時就像故事中那位教授的思路，只會讓問題得不出真相。

　　故事中的那位教授以人類的思考模式，試圖測試出黑猩猩的智商，認為關鍵在於牠懂不懂得運用那些木箱，誰知道結果竟出乎他意料。

　　這個有趣的故事無疑告訴我們，遇到難題，不要將事物界定在自己的認知範圍，而要活化我們的思考能力，不要讓固定的概念阻礙了我們的思路，這才是真正的生活之道。

　　限制我們發展的，往往不是因為缺少機會，而是根本沒察覺

機會就在自己身邊；導致我們陷入困境的，其實不是環境惡劣，也不是景氣糟糕，而是我們太過僵化，太過自以為是，不願意改變根深柢固的想法。

因為人性總是貪婪和恐懼，所以進行決策的時候，當然不可避免地朝高估或低估兩個極端挪移。

——美國財政專家葛林斯潘

每一次失誤，都是成功的前奏

如何把失誤的懊悔，修正為正確的新方法，其
實只需要一點創意與膽識。

許多正確的結論或是甘美的果實，其實是從不經意的錯誤中
獲得的。

發生錯誤的時候，明智的人不會光坐著懊惱，而是會積極而
樂觀地尋找其他方法加以補救。

威爾‧凱洛格年輕的時候，曾在哥哥開設的療養院做雜工。

雖然是親兄弟，但威爾的哥哥約翰卻是個十分吝嗇的人，支
付給弟弟的工資非常少。

做得很不開心的威爾，不久便離開了哥哥，決定尋找別的出
路。問題是，他離開後，卻又對自己的前途感到茫然，於是，他
再次回到療養院幫忙。

有一天，一個陰錯陽差，讓威爾的命運有了重大的變化。

那天晚上，威爾前來協助哥哥試製一種容易消化的新食品。

到了晚上十點，所有的工作人員都已經下班，只剩威爾‧凱
洛格一個人仍在廚房裡辛苦地工作著。

威爾是個非常有幹勁的人，只要一投入便停不了手，非得把

事情做到最好才肯收手。他將麵團放進熱水裡燙，接著再放進鍋裡煮，並從長短不一的烹煮時間裡測驗，以找出最好的效果。他用麵桿將煮好的麵團擀成薄片，並分批堆在一個地方，等著第二天來看成果。

忙碌了一個晚上，不知不覺已經夜深了，威爾匆匆地收拾好工作環境，這才拖著疲憊不堪的身子，離開了廚房。

但是在臨走時，他卻忘了一個被反扣在大盆底下的麵團。

第二天早上，威爾一醒來便想起了這個失誤，連忙趕到廚房。

他揭開了大盆，拿來了麵桿，想試著救回這個麵團，不料才捉起這個麵團，便在手上捉碎了。原來，過了夜的麵團受了潮氣，所以一拾就碎，無法再使用了。

威爾不敢將此事告訴哥哥，卻也不敢將已經碎掉的麵片扔掉。於是，他偷偷地將這些碎片煮了一點，試試還有沒有辦法補救。

就在他品嚐過後，發現味道和過去的麵片完全不同，沒有嚐過這種滋味的威爾，以為是自己的味覺出了狀況，一時間也想不出問題所在。

這時，哥哥忽然走了進來，催促著威爾快把麵片煮好，送去給病人們。

威爾看著剛煮好的新麵片，雖然無法吃出和過去的食材有何不同，但是口感還不錯，便壯著膽子，將碎麵片煮好送給病人們品嚐。

不料，所有病人吃過這個碎麵片後，居然個個讚不絕口，哥哥對此事也感到奇怪，一再逼問弟弟究竟在麵片裡放了什麼東西，威爾不得已，只好說出事情的真相。

於是，他們便將新發明出來的食品稱之為「麥片」。

不久，他們更將這個麥片食品推銷至市場上，從此「威爾麥

Change your mindset
to flip the future
187

片」便成了美國人生活上必備的健康食品,他們兄弟倆也繼續研究,開發出大麥片、燕麥片、玉米片……等新的健康食品。

貝塞麥曾經寫道:「創意是致富的知識貨幣。」

想要在競爭激烈的商場上拔得頭籌,擁有多少資本並不重要,重點在於是否擁有比金錢更重要的創意。

但是,創意往往是可遇不可求的。

「有心栽花花不開,無意插柳柳成蔭」,這正是威爾兄弟的寫照。

如何把失誤的懊悔,修正為正確的新方法,其實只需要一點創意與膽識。就像威爾一樣,只要化被動為主動,積極地扭轉乾坤,有時反而會為自己開創另一個人生的巔峰。

現在的你正敲著腦袋,對自己發生的失誤感到懊惱嗎?

歇一會兒吧!將失誤重頭到尾想一遍,讓腦筋轉個彎,相信就算你無法發現另一個創意的奇蹟,至少也能理解,當下次遇到同樣的狀況,應當如何妥善面對,才能把事情處理得更好,不致於重蹈覆轍。

改變心態才能翻轉未來

> 風險其實可以像蕃茄一樣包裝起來販賣,如果你懂得低價買入風險,然後高價賣出,你可以就不冒任何風險賺錢。
>
> ——R・羅易士

找出自己的獨特性

發揮你個人的特質，找到你的獨特性，不要過
度模仿，唯有找出獨特的創意，你的人生才會
有真正的生命力。

生活中，許多人的創意，其實都是從模仿開始，但是，到了
一定階段，他們就會巧妙而靈活地創造出新的風格。

如果你只會不斷地模仿，而無法創造個人的風格，那麼你永
遠只是別人的影子，就別奢望能看見自己的天空。

每當國畫大師張大千回憶自己的人生歷練時，非常喜歡提及
世界級大師畢卡索對他的指點。

當年已經享有名氣的張大千，來到了巴黎舉辦個人畫展，特
地邀請了畫壇奇才畢卡索前來指點。

這時的畢卡索雖然已經是國際級的繪畫大師了，卻十分喜歡
提攜後進，對一些年輕的畫家也特別照顧。

畢卡索應邀前來之後，只花了五分鐘沿著展覽大廳走了一圈，
隨即便不聲不響地走出了大門。

張大千望著大師的身影，感到非常意外，便快步地追了出去，
畢恭畢敬地虛心向畢卡索請教。

畢卡索拍了拍張大千的肩膀，微笑地說：「牆上的畫都不錯，

Change your mindset
to flip the future
189

但是，卻沒有一張畫作是你的！」

張大千驚詫地說：「這個展覽大廳裡的每一幅畫，全都是我的作品啊！您怎麼會說沒有一張是我的呢？」

畢卡索看著張大千搖了搖頭，接著用手指在空中畫了一個大問號，便頭也不回地離開了。

張大千頓時陷入了「大問號」的疑惑裡，經過一番思考，最後終於搞懂了畢卡索的指點，更明白大師所說「沒有自己作品」的意思。

從此，張大千不再囿於前人和別人的創作方式，潛心研究出屬於自己的繪畫風格。

由於他不斷尋找新的創作靈感，終於創造出獨特的藝術風格，成為造詣高超的中國繪畫大師。

畢卡索的「問號」，點醒了年輕的張大千，讓他發現自己的缺陷，更讓他創造出屬於自己的繪畫風格。

日常生活中，我們當然可以找找前人的成功例子，當作自己的學習目標，減少失誤的機率，但是，在學習過程中，也必須懂得創新，活出自己的風格，不能一輩子依樣畫葫蘆，活在別人的陰影之下。

畢卡索的問號，只有一個重點，那便是發揮你個人的特質，找到你的獨特性，不要過度模仿，唯有找出獨特的創意，你的人生才會有真正的生命力。

幸福的訣竅並不在於努力得到浮面的快樂，或是從世俗的事物裡獲得一時的滿足，而是努力印證自己的存在價值。

走在人生旅程，必須隨遇而安，用平常心去做好自己該做的

事。

　　不管現在的生活多麼讓人厭倦,只要我們能掌握自己的心境,隨時都可以用愉悅的心情展開自己的快樂人生。

改變心態才能翻轉未來

　　如果你搭乘的火車駛在錯誤的鐵路上,你所到達的每一個車站,都是錯誤的車站。　　　　　　──伯納德・馬拉莫德

Change your mindset
to flip the future
191

每個難關都是生命的轉折點

每一個難關都是生命的轉折點，在這個關鍵點上，你可以停頓一下，喘一口氣，澄清自己的心眼，你會看見另一條美麗的人生途徑。

不論遇到多麼不如意的事，都不要讓它們在心中留下負面的痕跡。

今天過了還有明天，生活是不斷前進的，當月曆紙被一張一張撕下時，你可以這麼告訴自己：「我的惡運又少了一天。」

剛來到紐約謀求發展之時的帕特森，可說是身無分文。但是，就算沒有什麼錢，仍得找個地方居住，於是，他找到了一間小旅館棲身。

管理員交給他一支鑰匙，一打開門，他便聞到一股異味，環視小房間裡的一切，牆壁貼著漆黑的壁紙，壁紙則是由上千個像小吊環的圖案所組成，而且每個小吊環上還有「Ｘ」的符號。

雖然不盡理想，但仍然是個可以棲身的地方，況且在這麼無助絕望的情況下，帕特森也別無選擇。為了讓自己早日脫離這個處境，他努力地找工作，每天把行程排得滿滿的，趕赴一個又一個的面試。

每當帕特森知道沒有被錄取時，只好拖著一身疲憊回到昏暗

的房裡,想到一點進展也沒有的生活,只能茫然地盯著壁紙上的小吊環圖案發呆。

忽然,他看著吊環上的「X」,若有所悟地坐立了起來,對自己說:「今天過了,還有明天啊!」

不久,終於傳來了好消息,他收到了湯普森公司的錄取通知。

帕特森的人生自此有了新的風貌,他把握了這難得的機會,努力不懈的帕特森,就這麼一路晉升,最後還成為北美區公司的總裁。

人生的海洋總是有預想不到的風浪,想在狂風暴雨當中,將自己的「生命之舟」順利駛向成功的彼岸,就必須對自己充滿信心。

充滿信心可以提振自己的情緒,勇敢面對問題。

「相信自己一定能渡過難關」,雖然我們無法預測艱苦何時結束,但是只要不放棄,機會就一定會到來。

每一個難關都是生命的轉折點,在這個關鍵點上,你可以停頓一下,喘一口氣,澄清自己的心眼,你會看見另一條美麗的人生途徑。

改變心態才能翻轉未來

成功當然有秘訣,所有成功的最大秘訣在於,能將看似不起眼的東西靈活地加以組織運用。

——德國哲學家史賓格勒

Change your mindset
to flip the future
193

如果還有陽光，何必選擇淋雨？

用積極的態度簡化生活中的難題，用平常心面
對生活，唯有如此，你的生活才會更加如意。

不管遭遇什麼困境，都應該用肯定的人生態度看待你的生活，
可以選擇讓自己的內心充滿陽光，就別讓心靈在暴雨中迷失方向。

著名的精神病學家維克多‧弗蘭克，在他的著作《追求意義
的人類》一書中，曾經提到一個罹患了愛滋病的小男孩的遭遇，
並描述他如何勇敢地面對即將到來的死亡。

他在書中引述了一段小男孩的話：「生命的掌控權仍在我的
手中，所以，我可以選擇丟開心中的陰影。我相信，我能塑造自
己的命運，即使現在身染愛滋疾病，我仍然可以選擇陽光的生活，
而不是負面的人生。我很幸運，擁有家人們的全面支持。」

維克多問他：「在醫療的過程中，什麼最令你感到痛苦？」

小男孩說：「沒有任何痛苦，我只是注意到那些能加強我的
生命的治療方法，因為它們，我才能變得這麼健康而強壯。」

這是小男孩的生命態度，就像我們在電視上看見的許多病童，

他們往往比大人們更具生命的韌性。

原因無他，因為他們唯一的希望就是能快點好起來，繼續他們開心的生活，可以在陽光下再次開心地奔跑，這是他們對生命的簡單希望，也是他們對生命的最大期望。

當你可以選擇接受陽光照耀的時候，又何必站在雨中讓自己淋出一身病？

其實，你越覺得事情難解，困難越會「如你所願」，成了永遠也無法解決的難題。用積極的態度簡化生活中的難題，用平常心面對生活，唯有如此，你的生活才會更加如意。

改變心態才能翻轉未來

不管創業或是投資，都必須專精，假設你有三十個老婆，那麼，你就不可能深入去了解她們之中的任何一個。

——投資理財專家Ｊ・英格利緒

Change your mindset
to flip the future
195

別躺在深井裡說天空太小

不要坐在井裡看世界，更不要用一知半解的態
度，批評得口沫橫飛，因為這樣只會更加突顯
你的無知。

　　潛心研究的人，在前進的道路上，免不了會碰到失誤，但是，
無傷大雅的小失誤，並不影響他的人生旅程，反而因為這些個小
失誤，而增長自己的經驗與智慧，發現了另一條成功的捷徑。

　　古希臘著名的哲學家泰勒斯，不僅學識淵博、才思敏捷，而
且興趣廣泛，對於天文地理都有深入的研究。此外，對於其他不
同領域的知識，他也都有自己的一套見解。

　　有一天晚上，泰勒斯外出散步之時，抬起頭仰看天空，發現
星光在迷人的天空清晰閃耀，便忍不住一路仰望著走路，忘記了
腳下的路途。

　　不料，因為前些日子下了一場大雨，把前面一個頗深的洞坑
填滿了雨水，只顧著看星星的泰勒斯，就這麼一不小心一腳踩空，
整個人掉進了這個凹洞裡。

　　等他回過神來，身子已經泡在水裡了，雖然只淹及胸部，但
是這個陷阱卻相當深，泰勒斯怎麼也爬不出來，只好高聲呼救。

　　當路人把他救出水坑時，泰勒斯摸著摔得不輕的身體，喃喃

說道：「明天會下雨！」

　　路人聽到他沒頭沒腦地說出這番話，沒有說什麼便走了，不過卻將泰勒斯的這番糗事說給其他人聽。

　　沒想到，第二天果眞下起了雨，這使得人們都對泰勒斯的預言驚奇不已，更加佩服他在氣象學方面的豐富知識。

　　然而，有人卻不以爲然地說：「泰勒斯能知道天上的事情，卻看不見自己腳下的危機。」

　　泰勒斯聽到這個嘲諷，只是笑一笑而已，一點也不在意。

　　後來，著名的德國哲學家黑格爾，聽到泰勒斯的這則軼聞事時，曾經感慨地說道：「看來，不會掉進坑裡的，大概只有那些永遠躺在深坑裡，從不仰望天空的人吧！」

　　不要坐在井裡看世界，更不要用一知半解的態度，批評得口沫橫飛，因爲這樣只會更加突顯你的無知。

　　小心翼翼地帶著黑格爾的這番話，做爲自己的座右銘吧！

　　隨時提醒自己，寧可因爲勇敢嘗試而跌坑洞裡，也不要成了坐在井底仰望天空的笨青蛙。

　　態度決定一個人的高度，如果你願意謙虛地看待自己，明白自己的能力與不足之處，那麼，你便會從生活和工作中，看到更開闊的前景。

　　阻擋自己成功，阻擋自己提升人生境界的，往往是心中那個自以爲了不起，不願付出努力的自己。

PART8

別用兩塊錢賣掉你的快樂

丟掉生活中的負面情緒，或許並不是件容易的事，但是，如果你能開心的笑，又何必老是哭喪著臉呢？

世界上永遠沒有過時的東西

自然裡的規則本就相通，沒有任何物件會是過時的，包括思維在內，所以，只要你能想得出來，就一定能做到。

　　俄國作家克雷洛夫曾說：「有天分而不持續運用，天分一定會消退。如果你不掌握向前邁進的速度，那麼你將在慢性的腐朽中逐漸衰滅。」

　　確實如此，唯有經常動動腦，認真開發自己的天分，才會被這個日新月異的社會淘汰。

　　大多數人在汰舊換新時，總是以丟棄為方法，其實，倘若我們能動一動腦，因應時代所需，把自己用心思考出來的創意加入，舊東西一定能成新產品。

　　在這個不景氣的年代，如果你想出人頭地，就必須調整一成不變的思考模式，用積極的想法取代消極的看法，如此才能替自己創造更多價值。

　　日本企業家西村金助，年輕時很愛看書，又愛動腦。

　　有一天，他偶然間閱讀了一本創造力方面的書，作者在書裡說了一段話：「世界上永遠沒有所謂過時的東西，比如馬匹，雖然牠們喪失了原本的運輸的功能，但是，後來又以賽馬的娛樂面

Change your mindset
to flip the future
199

貌出現。」

閱讀到這段話，西村深深受到啓發，心裡不斷想著：「在我的生活周遭，還有什麼過時的東西，能賦予新的功能呢？」

某天，他到一位朋友家拜訪，發現客廳擺著一個舊沙漏。

朋友告訴他，這本來是家裡的計時工具，但是自從有了鐘錶之後，這個沙漏就被淘汰了。

後來，他看見朋友一邊打電話，一邊不時地看著手錶，這個情況，讓他心中頓時有了靈感。

他心裡想：「爲什麼不用沙漏來限時呢？如果能夠做個限時三分鐘的沙漏，把它放在電話機旁，這樣一來不就可以輕鬆地控制自己的通話時間了嗎？」

於是，西村金助回家後馬上開始進行「限時沙漏」的設計，他在沙漏兩端嵌上一個精緻的小木板，再接上一個銅鏈，然後用螺絲釘固定在電話機旁。

如此一來，不打電話時，沙漏可以作爲裝飾品，撥打電話時，便是一個方便的計時器。

沒想到過時的沙漏，經過西村一番改造，竟巧妙地變成計時器，一上市便銷售一空，平均每個月可銷售三萬個左右。

投資專家邱永漢曾經寫道：「從事任何事業，除了必須具備八〇％的商業知識之外，尚須具備二〇％的獨特創意。」

對於一個懂得發揮創意的人來說，除了「創意來自生活」的名言外，還有一句話也是他們尋找創意的重點，那是「世上永遠沒有過時的東西」，西村金助設計的沙漏計時器便是最好的例子。

從電視節目中、或報章雜誌裡，我們經常會發現，許多被丟

棄了的事物，總是能在充滿創意的人手中重新賦予新生命，這不只是物件本身的重生，也是一種惜福觀念的建立。

　　自然裡的規則本就相通，沒有任何物件會是過時的，包括思維在內，所以，只要你能想得出來，就一定能做到。

改變心態才能翻轉未來

大多數所謂的異常現象，其實一點也不奇怪。它就像礦坑中的金塊，數萬名礦工裡頭，只有一個人可以發現它。

——費許·布萊克

Change your mindset
to flip the future
201

別用「衝突」解決問題

思維轉了個彎，玩了點心理戰術，花了點時間和技巧溝通，既沒有衝突的危機，又輕鬆杜絕了麻煩。

　　爲人處世最重要的一件事是「放下自己」。有了體貼的心，才能贏得人心，誠如法國作家昂蘇爾‧瑪珂里所說的：「只有肯定別人的價值，別人才會對你有恰當的評價。」

　　在溝通解決問題時，沒有什麼事不能避開鋒刃、衝突的，只要我們詳加思考，任何事一定都有突破與解決的方法。

　　從事寫作的喬治和妻子爲了遠離塵囂，找了很久的房子，終於找到他們理想的居住環境。

　　那是一個非常安靜的郊區住宅，於是他們毫不猶豫地便買了下來。

　　這裡的環境眞的很不錯，不僅屋前的庭院有花園草坪，後面還有一片美麗的小樹林，最重要的是這裡很安靜，這對喬治來說，是個再好不過的寫作處所。

　　然而，有一天，這個安靜的天地，卻被樹林裡傳來的陣陣鼓聲、笛聲，以及小號聲給攪亂了，刺耳的聲音就像正在舉行一場露天演奏會。

　　喬治的妻子很不高興，循著聲音來到小樹林裡，發現那裡有幾個孩子正在練習樂隊演奏。

　　她很不客氣地請他們離開，但是卻被他們拒絕：「我們為什麼要離開？」孩子們翻了翻白眼，態度非常堅決，使得喬治的妻子無功而返。

　　第二天，這群孩子又來到樹林裡練習演奏，這次換成喬治前去和他們溝通。

　　喬治神情愉快地：「小夥子，你們演奏得很不錯喔！」

　　孩子們聽了都很高興。

　　喬治接著說：「我也是個喜愛音樂的人，不如這樣，你們每天都來這裡演奏，我會付給你們報酬的。」

　　「你會給我們多少錢？」其中一個大一點的孩子急切地問。

　　「每次二十美元，可以嗎？」喬治說。

　　此後，一連幾天，這群孩子天天都會出現，而且演奏時都顯得相當賣力，似乎想以更大的噪音來賺取那二十美元。

　　但是，到了第五天，喬治卻裝出一副可憐的神情，對這些孩子說：「對不起，這幾天我的股票跌得慘兮兮，虧損了許多錢，現在我最多只能給你們五美元，不知道可不可以？」

　　這下子，所有的孩子都非常氣憤，其中年紀大一點的那個孩子更是氣得漲紅了臉，大聲地說：「哼！你休想只用五美元就要我們為你服務，我們可不是傻瓜，才不會做如此愚蠢的事情！」只見這個大孩子迅速地指揮樂隊撤離樹林，從此，喬治夫婦又回復安靜的生活了。

　　這是一個非常有趣的解決方法，喬治猜透孩子們的逆反心理，

Change your mindset
to flip the future
203

因此順利解決了惱人的問題。

　　大多數人都習慣以自我為中心，互動過程中往往忽略了從對方的立場理解事情，也忽略了對方內心潛在的需求。

　　從喬治夫婦兩個人不同的處理方式中，我們可以很清楚地發現，衝突並不是解決問題最好的方法。

　　他的太太用直接的方法來解決問題，但是不僅無法解決事情，反而增加了彼此的衝突。喬治的方法則高明多了，思維轉了個彎，玩了點心理戰術，花了點時間和技巧溝通，既沒有衝突的危機，又輕鬆杜絕了麻煩。

改變心態才能翻轉未來

堅持不懈，牢牢地抓住現實生活。每一種情況，乃至每一片刻，都有無限的價值，都是整個永恆世界的代表。

——歌德

機會總是出現在轉念之間

沒有人能預料到機會何時會出現，但很多時候，機會只在你的轉念間，一個轉念，機會便能掌握在手中，一個轉念，也會是個錯過。

生活中，成功的元素總是以隱性基因出現，我們無法從外在的人事物中猜測成功的可能，因此，唯有耐著性子，預設任何機會的可能性，才能從中獲得每一次成功的機遇。

一九九三年一月，世界著名的戴爾電腦公司總裁麥克‧戴爾，為了進行跨國合作，和日本新力公司的人員進行了一次重要的會晤。

會談之中，他們討論著新力已經發展出來的顯示螢幕、光學磁盤及 CD-ROM 等多媒體技術。

當會議結束時，戴爾便立刻起身往外走，這時的他只想快點回到酒店休息，因為這幾天密集協商實在太疲勞了。

但是，忽然有個年輕的日本職員，跑到戴爾面前對他說：「戴爾先生，請您等一下，我是能源系統部門的人，希望能和您談一談。」

「能源系統？」戴爾心裡想：「這傢伙該不會想賣發電廠給我吧？」

Change your mindset
to flip the future
205

戴爾當時實在很疲倦，很想出言回絕，但是看到這個年輕人滿臉真誠，於是決定留下來幾分鐘。

他說：「好吧！先生，我很有興趣和你談一談。」

於是，這個年輕人拿出了一張又一張的表格，上面寫滿了關於一種新電池的功能，他把這種電池稱為「鋰電池」。

原來，他想把鋰電池賣給戴爾公司，以供戴爾公司的筆記型電腦使用。

明白這個日本職員的目的後，戴爾忽然想起許多使用筆記型電腦的顧客抱怨說，他們很希望筆記型電腦的電池壽命能夠長一點，後來他們也做了實驗，發現鋰電池的蓄電力可以持續四個小時以上。

他目不轉睛地看著這個年輕人，忽然感覺到無限的商機就在眼前，不久，他們便開始合作，而且鋰電池果真成為一項突破性的新科技。

戴爾公司將鋰電池配備於某些機種中，使得該機種的電池使用壽命超過了所有紀錄。

這項突破使得戴爾公司的筆記型電腦銷售量大增，原本在一九九五年第一季財務報表中，只佔整體收入的百分之二，到了第四季便達到了百分之十四。

日本經營之神松下幸之助曾經這麼說：「做生意要有洞察行情與先發制人的能力，因為，這是真刀真槍的決鬥，只許贏，不許輸。」

唯有充滿智慧的人，才洞察出現在自己眼前的大好機會。

對戴爾來說，這個向他推銷鋰電池的年輕人，無疑是個從天

而降的機遇,但當時他若以疲憊爲由加以推辭,非但會錯失了獨佔鰲頭的機會,恐怕還會被競爭對手遠遠拋在腦後。

　　戴爾電腦公司率先配備鋰電池的機遇告訴我們,沒有人能預料到機會何時會出現,但很多時候,機會只在你的轉念間,一個轉念,機會便能掌握在手中,一個轉念,也會是個錯過。

　　當你下定決心去做某件事時,不能和太多人討論,你必須相信自己的判斷,而判斷是無法加以討論的。

——銀行家魯道夫

讓錯誤成為美麗的意外

失敗時，你只需要一個正確的想法和積極的行動，只要你能找出扭轉局面的方法，失敗就會是成功的另一個開始。

當事情出現無法改變的錯誤，不要急著生氣或放棄，應該試著尋找其他出路，讓不利的局面朝另一個面向發展。

除了課堂上的考試之外，凡事不會只有一個標準答案，只要善於檢討、掌握每個意外，我們也能從錯誤中找出正確的道路。

有個德國工人在生產紙張時，不小心將原料調配的比率弄錯了，結果生產了一批不能書寫的廢紙。

出了這麼嚴重的紕漏，他不僅被扣工資，最後還遭到解僱。

當他灰心喪志的時候，恰巧有個朋友來找他，聽了他的遭遇之後，為他想了一個補救的方法。

這個朋友教他把問題重新思考一次，然後從這個錯誤中找出問題的癥結和變通的方法。

這天，他拿著紙張反覆思考，發現這紙張比一般紙張還要厚，想得出神的他，一不小心就把水杯給弄翻了，情急之下，便將這張紙隨手覆蓋上去。

沒想到，這張廢紙一下子便把水吸乾了，它的吸水性甚至還

比抹布還要好。

他靈光一現，發現這樣的紙，應該可以用在擦拭一般餐具或家庭器具上，而且既衛生又方便。於是，他把紙張切成小塊，取名為「吸水紙」，拿到市場上出售，沒想到十分地搶手。

因為這個錯誤的調配比率只有他一個人知道，後來他還申請了專利，靠著這個錯誤，以及朋友的提醒，為自己找到了人生的新出路。

唯有充滿智慧的人，才能夠將失敗化為自己成功的機會，就像蚌能將擾亂它的沙子變成珍珠一樣。機會隨時會來敲門，就怕欠缺因應的智慧。遭遇失敗、挫折的時候，只要你願意換個想法，往往就能找到反敗為勝的方法。

「錯誤」有時也能成為「意外的創新」，思考不應該只是一條直線，在我們的腦子裡，不也正是曲折彎延的腦細胞嗎？

失敗時，你只需要一個正確的想法和積極的行動，只要你能找出扭轉局面的方法，失敗就會是成功的另一個開始。

改變心態才能翻轉未來

新的觀念總是會被人懷疑，而且經常遭到反對，這只不過是因為人們對它尚未習以為常而已。　　——洛克

Change your mindset
to flip the future
209

別當「沒出息」的紳士

不可否認的，想要成功或是致富，有時候真的需要一點運氣，但是，運氣是毫不講道理的東西嗎？運氣會無緣無故從天上掉下來嗎？

不是的，運氣其實有一定的規律可循，而且通常都是我們可以掌握的，運氣就在一個人的積極行動當中。

有兩個年輕人大學畢業後偕伴一起去找工作，其中一個是英國人，另一個是猶太人。

他們懷抱著成功的希望，決心要找到適合自己發展的工作機會。

有一天，他們一起走在街上，同時看到地上有一枚硬幣，英國青年看也不看地就踩了過去，而猶太青年卻立即彎腰將它撿了起來。

英國青年看見猶太青年的這個舉動，不禁露出鄙夷的神情：「你們猶太人連一枚硬幣也撿，真沒出息！」

但是，猶太青年看著英國青年的背影，心裡卻這麼想：「你

們英國人真沒出息，竟然故作瀟灑，讓錢白白從身邊溜走！」

接著，他們同時來到一家公司應徵，這間公司規模很小，工作量卻很大，更糟糕的是資薪很低。

這個英國青年不屑一顧地便走了，而猶太青年卻在評估之後開心地選擇留下。

兩年後，這兩個人在街上重逢，猶太青年已經成了老闆，而英國青年卻還在尋找工作。

英國青年帶著妒意，完全無法理解，還忿忿不平地說：「像你這麼沒出息的人，怎麼能這麼快就發達了？」

猶太青年回答說：「因為，我不像你那樣硬要擺出紳士模樣，也不會毫不在乎地從一枚硬幣上走過去，每一分錢我都非常珍惜，就算只是一個硬幣。像你這樣連一枚硬幣都不要，又怎麼會發財呢？」

我們身處的是一個知識經濟的年代，也是一個優勢競爭的年代，僅僅擁有知識和想法是不夠的，那只會讓你架構出懸浮在雲端的空中之城。

就算你擁有超越別人的知識和獨特的想法，也必須腳踏實地，積極為自己創造機會，才能創造屬於自己的快「億」人生。

英國青年並非不在乎錢，只是眼睛總盯著大錢，對小錢棄如敝屣，忘了大錢是從小錢累積出來的，所以眼中的大錢永遠遠在天邊，永遠摸不著邊。

英國青年的問題，正是現代人們的通病，他們多數不是為了追求永久的財富，而是只顧眼前利益。

他們很愛錢，但是也同時忽略了「聚沙成塔」的富翁守則。

Change your mindset
to flip the future
211

　　猶太青年深諳此理，所以他能看見永久的財富，知道很多大老闆也是從掃地工開始，再多的財富都是從一塊錢開始累積。

　　成功沒有捷徑，老是好高騖遠，只想一步登天的人，通常沒有什麼智慧，這種人鄙視眼前的機會，永遠也沒有成功的機會。

改變心態才能翻轉未來

只有具備真才實學，既了解自己的力量，又善於適當而謹慎地使用自己力量的人，才能在世俗事務中獲得成功。

——歌德

別用兩塊錢賣掉你的快樂

丟掉生活中的負面情緒，或許並不是件容易的事，但是，如果你能開心的笑，又何必老是哭喪著臉呢？

得與失之間，本來就很難取捨，大多數人容易陷於外在事物的牽絆，忘了喜怒哀樂的操控者是自己，因此才會天天被外在事物激怒情緒，帶著負面的情緒，過著自己都忍受不了的煎熬。

羅森之所以能天天都快樂地生活，全靠他懂得如何解決生活中負面情緒。

他在一家夜總會裡吹薩克斯風，收入並不高，但是他仍舊開心的工作，每天笑臉迎人，對任何事都非常樂觀。

羅森很愛車子，但是以他的收入，不知道要等到什麼時候才可能實現自己的購車美夢。因此，和朋友坐車出去兜風時，他總是羨慕地說：「啊，要是我有一部車就好了！」

有人開玩笑地對他說：「你去買彩券，中了大獎不就有車了嗎？」

有一天，羅森經過商店，看到許多人正在買彩券，於是也跟著買了張兩塊錢的彩券。

沒想到，羅森真的中了大獎了！這下子，他終於實現夢想了，

Change your mindset
to flip the future
213

他領了獎金，馬上便買下了一輛車子，天天開著車兜風。

喜歡把車子擦得光亮的羅森，總是快樂地吹著口哨行駛。

但是，羅森的開心日子並沒持續多久，有一天他把車子停在夜總會樓下，沒想到半小時之後竟然不見了。

朋友們聽到消息，想到他愛車如命，幾十萬買來的車子一眨眼工夫就沒了，非常擔心他受不了刺激，紛紛前來安慰他。

「千萬別太傷心啊！車子丟了，就算了！下次再去試試手氣，說不定會再中大獎，到時候就可以再買一輛了。」

沒想到羅森聽完忽然大笑一聲：「哈，我為什麼要悲傷啊？」

朋友們完全搞不清楚情況，互相疑惑地對望著。

「如果你們不小心丟了兩塊錢，會很難過嗎？」羅森問道。

「不會啊！」有人回答說。

「那不就得了，我只是丟了兩塊錢，為什麼要悲傷啊！」羅森笑著說。

安慰別人的時候，我們經常這麼說：「看開點！」

的確，想要過幸福快樂的日子，秘訣就是「看開點」。

丟掉生活中的負面情緒，或許並不是件容易的事，但是，如果你能開心的笑，又何必老是哭喪著臉呢？

羅森的生活哲思，正是一種認識挫折，並且解決無謂煩惱的大智慧。

換個角度想，事情都已成了定局，有必要這麼痛苦嗎？

仔細讀一讀羅森的故事，從他的生活禪裡，你一定能發現一輛車和兩塊錢的微妙關係。

用想像力經營自己的人生

培養自己豐富的想像力吧!開開心心地面對你
的生活,那麼你會更有信心地前進與開拓,打
造一座屬於自己的新城市。

人生當然要有夢想,但是,我們要試著做可以實現的美夢,
不是一覺醒來就什麼都忘了的幻夢。

千萬要提醒自己,每一個成功者都會有許多夢想,同時他們
也會積極地盯住這個夢想目標,努力前進。

有三個年輕的工人汗流浹背共同砌一堵牆。

這時,有個閒著發慌的人走過來問:「喂!你們在幹什麼?」

第一個人沒好氣地說:「你沒看見嗎?我們在砌牆啊!」

第二個人抬頭笑了笑,說:「我們在蓋一幢高樓。」

至於第三個人,則邊做邊哼著歌,滿臉笑容地回答:「我們
啊,正在建設一個新城市喔!」

三個不同的回答,代表著三種截然不同的心態,三個人後來
的發展當然也截然不同。

十年後,第一個工人在另一個工地上努力砌牆,第二個工人
則坐到了辦公室裡,畫著建築藍圖,因為他成了工程師,至於第
三個工人,則成了另外兩個人的大老闆。

Change your mindset
to flip the future
215

　　也許會有人說，第三個人只不過是態度樂觀，想像力豐富了些，為什麼會比其他兩個人更有成就呢？

　　其實，正因為他樂觀地運用自己的想像力，使他對自己的未來充滿願景，並且積極規劃自己的前途，才會有後來的成就。

　　故事中，有人抱怨生活，有人開心面對，有人建築夢想，那麼如何才能生活幸福、事業成功？相信你已經從中找到方法和答案了。

　　培養自己豐富的想像力吧！開開心心地面對你的生活，那麼你會更有信心地前進與開拓，打造一座屬於自己的新城市。

　改變心態才能翻轉未來

　　發現機會的智慧和想像力，是這個競爭激烈的商業社會裡，
　　你唯一能夠依賴的競爭優勢。　　　　　　——比爾蓋茲

讓自己的「心眼」愈來愈小

讀書能專心，才能充分吸收，讓學習達到事半
功倍的效果；工作能定下心性，便不再三心兩
意，處事還會更加縝密，更能沉著應變。

　　人的意識範圍是相當窄小的，通常每次只能接納一個問題，
因此，應該讓自己的注意力集中，精神專注於正在思索的問題上，
如此才能比別人看見更多的成功機會。

　　據說，每當德國哲學大師康德準備冥想的時候，總會先在位
子上坐定，然後將目光朝著窗外，盯住遠方風車的尖端。

　　這位哲學大師就是用這樣的方法，寫出了許多偉大的哲學著
作。

　　有人不免會質疑，為什麼這樣子，康德就能創造偉大的哲學
思想呢？

　　康德解釋說，道理其實很簡單，當你專注於某一點時，視野
自然就會變小，也就不會被視野外的事物闖入而打斷思考。這種
方式會讓你專心於冥思中，當自我意識的範圍縮小了，心境也會
因此更加寧靜、澄清，精神更加集中。

　　當然，你也可以像康德一樣，將類似的方法運用於一般學習
中，相信效果也會十分顯著。

Change your mindset
to flip the future
217

　　譬如，當我們坐在書桌前準備讀書時，可以先選擇一個練習注意力的對象，比如手指、鬧鐘的指針、或桌上的筆尖……等等，然後專心地注視著這個點。

　　這種習慣慢慢養成後，自然一坐到書桌前，看到了專注的事物，你就能平心靜氣地集中起精神，開始專心閱讀了。

　　這個方法不僅適用在閱讀時，也可以運用到工作中。

　　工作之時，如果你老是覺得注意力無法集中，不妨在工作台上找一個物件專心盯著，當習慣養成後，工作時間一到，你只要一看到這個小點，便自然而然地會把注意力集中起來。

　　很多人學習書法或靜坐訓練，就是為了要磨練自己的專心與定性。讀書能專心，才能充分吸收，讓學習達到事半功倍的效果；工作能定下心性，便不再三心兩意，處事還會更加縝密，更能沉著應變。

　　如果你覺得自己的毅力不夠，那麼從現在開始培養注意力吧！讓心性穩定，專注力能集中，當毅力發揮效果的時候，相信連自己都會大吃一驚呢。

改變心態才能翻轉未來

當哥倫布發現美洲的時候，他知道他航向何處嗎？他的目標只是前進，一直向前進。

──紀德

PART 9

保持微笑，
有意想不到的成效

微笑能化解爭端，平息對方的怒火，更可以安撫自己內心
的悶氣。讓微笑幫助自己解決衝突，讓問題簡單一點。

隨時做好準備，才能抓住機會

做好份內的事就是隨時為生活做好準備，如此
即使面對任何突發的狀況，都能有辦法從容應
對。

　　阿勝利用大學四年的閒暇時間考了許多證照，其中還包括廚師丙級執照。朋友們都感到疑惑，認為唸理工科的他大概一輩子也用不到這張證照。

　　對於這點，他只是笑笑回答：「誰知道哪天會需要呢？反正有時間就先考起來放。」

　　畢業後，阿勝在一家公司當個小職員，沒想到工作才邁入第二年就碰上公司裁員。突然失業的阿勝一時之間找不到合適的工作，在緊急的情況下，正好有人提供餐飲業的工作機會，但是錄取條件是必須要有廚師執照才行。

　　阿勝自然得到了這份工作，還在一年後從員工身分變成了合夥人。

　　生活中有許多事物看似可有可無，誰也不能保證這些東西是否能派得上用場。但是，只有隨時做好準備的人，才能抓住突然出現的機會。

　　亞里斯多德是古希臘的大哲學家，也是柏拉圖的學生，在生

Change your mindset
to flip the future
221

物學、天文學、醫學等方面也非常有成就，做出許多重大的貢獻。

有一天，亞里斯多德外出時遇上大雨，道路泥濘不堪，回到家時渾身上下都是泥水。臨睡前，他特別交代僕人替他把靴子刷一刷。

第二天一早，亞里斯多德要出門時，見到靴子上仍然沾滿泥水，便問僕人說：「你怎麼沒有幫我把鞋子刷一刷呢？」

「先生，需要那麼費事嗎？」誰知僕人平靜地說：「路上到處都是泥水，刷了有什麼用，一走出去還不是很快又沾上泥。再乾淨的鞋，用不了十分鐘，就會和這雙鞋沒兩樣了。」

聽完這段話，亞里斯多德並未指責他，只是趕快整理好東西準備出門。

當他穿好鞋子，走出去時，僕人急急忙忙從他身後追了上來，說道：「請留步，先生！那把鑰匙呢？」

「什麼鑰匙？」

「就是食物櫥的鑰匙，我還要吃午飯呢。」

「我的朋友，吃什麼午飯呢？吃過以後，用不了多久，你不是也會和現在一樣餓嗎？」亞里斯多德微笑地說。

曾有人問亞里斯多德：「你和平庸的人有什麼不同呢？」他的回答是：「他們活著是為了吃飯，而我吃飯是為了活著。」

如果隔天沒下雨，又剛好有重要人物來訪，穿著一雙髒鞋的亞里斯多德該如何面對客人呢？其實，擦不擦鞋跟吃不吃飯有很大的區別，但這兩件事都有一個共同點，那就是都屬於人們份內該做的事。

份內該做的事，若能盡心做好，即使如「吃飯」這件平凡簡

單的小事,也能夠變成有意義的大事。這就是亞里斯多德與一般人不同的地方,他認為必須吃飯好延續生命,才能繼續為人類做出貢獻。

有些人對於份內該做的事,抱著馬虎的態度,反正只要做完就算交差。然而,當一個主管想要提拔下屬時,首先要考慮的除了可以做完份內工作的人之外,更要是能夠將工作做得好的人才。

因此,做好份內的事就是隨時為生活做好準備,如此即使面對任何突發的狀況,都能有辦法從容應對。

保持微笑，有意想不到的成效

微笑能化解爭端，平息對方的怒火，更可以安
撫自己內心的悶氣。讓微笑幫助自己解決衝
突，讓問題簡單一點。

相信每個人都有過這樣的經驗，當你為了自己的失誤道過歉
後，對方仍然不肯接受，甚至不停的責怪、羞辱你。原本的愧疚
之情，也會在對方不留情面的態度下，轉為委屈與不滿。

若因此和對方起衝突，那麼你就是這場事件中最大的輸家了。

面對別人的不滿和指責時，不妨先放鬆緊繃、混亂的心情，
做個深呼吸，然後用微笑來解決一切。

飛機起飛前，一位乘客請空姐幫他倒一杯水吃藥。

空姐很有禮貌地說：「先生，為了您的安全，請稍等片刻，
等飛機進入平穩飛行後，我會立刻把水為您送過來。」

十五分鐘後，飛機進入平穩飛行狀態許久。突然，乘客服務
鈴急促地響了起來，空姐才猛然想起來：糟了，由於太忙，忘記
為那位乘客倒水了！

當空姐來到客艙，看見按服務鈴的果然是剛才那位乘客。她
小心翼翼地把水送給那位乘客，面帶微笑地說：「先生，實在對
不起，由於我的疏忽，延誤了您吃藥的時間，我感到非常抱歉。」

　　這位乘客抬起左手,指著手錶說道:「這是怎麼一回事,都過了這麼久,有人像妳這樣服務的嗎?」

　　空姐手裡端著水,心裡感到很委屈,但是,無論她怎麼解釋,這位挑剔的乘客都不肯原諒她的疏忽。

　　接下來的飛行途中,為了補償自己的過失,每次去客艙為乘客服務時,空姐都會特別走到那位乘客面前,面帶微笑地詢問他是否需要水,或者其他需要幫忙的地方。

　　可是,那位乘客並未因此消氣。

　　快到目的地前,那位乘客要求空姐把乘客意見表送去給他,很顯然地,他要投訴這名空姐。

　　這時,空姐心裡雖然不高興,但是仍然不失職業道德,表現出最有禮貌的態度,面帶微笑地說道:「先生,請允許我再次向您表示真誠的歉意,無論您提出什麼意見,我都將欣然接受您的批評!」

　　那位乘客臉色一緊,嘴巴準備說什麼,可是卻沒有開口,他接過意見表,開始在單子上寫了起來。等到飛機安全降落,所有的乘客陸續離開後,空姐原以為這下完了,沒想到等她打開意見表,卻驚奇地發現,那位乘客寫下的並不是投訴信,而是一封熱情洋溢的表揚信。

　　是什麼使得這位挑剔的乘客最終放棄了投訴呢?

　　信中,空姐讀到這樣一句話:「在整個過程中,妳表現出的真誠歉意,特別是妳的十二次微笑,深深打動了我,使我最後決定將投訴信寫成表揚信。妳的表現很優秀,下次如果還有機會,我仍會選擇乘坐這家航班!」

Change your mindset
to flip the future
225

　　被一味指責的時候，相信很多人都會難以忍受，這時候「微笑」便是幫助你度過難關的重要關鍵。若空姐因爲乘客不夠寬大的心胸而生氣，甚至無禮對待，相信她的工作即將不保，甚至在這個行業中留下不好的記號。

　　有時候，過多的言語只會造成更多的事端，不如多多微笑，少開口。

　　正如印度詩人泰戈爾所說的：「當人微笑時，世界愛了他；當他大笑時，世界便怕了他。」

　　中國也有句俗話說：「伸手不打笑臉人。」

　　微笑能化解爭端，平息對方的怒火，更可以安撫自己內心的悶氣。讓微笑幫助自己解決衝突，讓問題簡單一點。

充滿熱忱，夢想便都能成真

如果能因為熱忱而對自己的工作感興趣，就有
機會改善生活品質，因為你已經把工作當作一
種生活，樂在其中。

當我們做一件事，若心裡不樂意，事情做起來也格外困難，因為缺少一份「動力」。

「動力」的重要性就像煮東西時的火候一樣，火候要夠，油才會滾，食物才能熟。

生活、工作也是同樣的道理，如果不把壓力轉化為動力，就算有再多的理想和學識，也只能在原地踏步，甚至容易迷失自己。

弗雷德雖然是一名普通的郵差，但他的事跡卻聞名世界。

弗雷德每天的工作就是為社區住戶收、送郵件。他聽說區內住著一位職業演說家桑布恩先生，一年有一百六十天到二百天都在外地出差，於是他向桑先生索取一份整年的個人行程表。

桑布雷很奇怪地問：「您要這個做什麼？」

弗雷德回答：「以便您不在家時，我能暫時為您保管信件，等您回來之後，我再送過去。」

這讓桑布恩很吃驚，從未碰過這樣的郵差：「不用這麼麻煩，把信放進信箱就好了，我回來再收也是一樣的。」

Change your mindset
to flip the future
227

弗雷德解釋說：「竊賊會窺探住戶的郵箱，如果發現是總是滿的，就表示主人不在家，房子很容易遭小偷。」

看見桑布恩為難的神色，弗雷德想了想，接著說：「這樣吧，只要郵箱的蓋子還能蓋上，我就把信放到裡面。塞不進郵箱的郵件，則擱在房門和屏柵門之間。如果那裡也放滿了，我就把其他的信留著，等您回來。」

弗雷德的建議無可挑剔，桑布雷欣然同意了。

兩週之後，桑布雷出差回來，發現門口的擦鞋墊跑到門廊的角落裡，下面還遮著某個東西。

原來在他出差期間，快遞公司把他的包裹投到別人家。弗雷德看到桑布雷的包裹送錯地方，就把它撿起來，送回他的住處藏好，還在上面留了張紙條，解釋事情的來龍去脈，並費心地用擦鞋墊把包裹遮住，以避人耳目。

不同郵政公司市場競爭激烈，比到最後，就是以服務取勝。因為有一批弗雷德式的職業化員工所提供的人性化服務，才能創造無形價值，使弗雷德所屬的公司能在眾多競爭對手中脫穎而出。

從弗雷德身上，我們看到他的敬業精神，以及對工作的熱忱。他的工作雖然嚴肅、乏味，但是他卻享受工作的樂趣，以「盡善盡美」的服務得到成就。

愛迪生花了畢生的心力在研究上，當人們問他天天工作是否覺得很辛苦之時，他的回答卻讓人驚訝：「我這輩子一天都沒工作過。」

因為他做到了「以此為生，精於此道，樂在其中」的個中真諦。如果我們能做到這一點，用熱忱的心態面對工作，相信人生

會過得更愉快。

　　英國首相狄斯雷利說過:「一個人想成為偉人,唯一的途徑便是:做任何事都得抱著熱忱。」

　　如果能充滿熱忱,對自己的工作感興趣,就有機會改善生活品質,甚至加薪、升官。因為,你已經把工作當作一種生活,樂在其中。

面對死結，要下定決心解決

「死結」不會永遠存在，這不過是邁向完美路途上的一個障礙。堅持到「全盤完善」的那一刻，所有的努力便能得到回報。

著名的文學家萊辛曾經如此寫道：「當我們感到充滿壓力的時候，恰恰是離成功最近的時刻！」

人生經常會遇到事與願違的情況，然而，就在你認為快不行的時候，往往就是轉變的開始。

你可以選擇轉身放棄，也可以選擇把壓力變成前進的動力，你的選擇決定了能否掌握成功的契機。

許多足以改變人類生活與觀念的新概念、新創意的產生，可能並不是一開始就十全十美的，但人們對於各種新鮮事物的批判眼光，卻足以讓自己錯失許多佔得先機的機會。

因此，對於新觀念、新事物的發明者或提倡者而言，一定要堅持理想。堅持下去，持續改進，直到「完善」的那一刻，才能邁向真正的成功。

一八三七年，莫爾斯製造了世界上第一台發報機，但這台發報機只能在五百公尺內傳送資料。

當他拿這個新產品去勸說企業家進行投資時，遭到許多人的

嘲笑，有人挖苦道：「電線也能傳遞消息，那將來空氣也能當麵包吃了。」

當他進行了操作試驗時，終於有人表示了一點興趣，但最後卻說：「我知道了，這是一種玩具，遺憾的是，它是一種枯燥乏味的玩具。」

反應最好的一位顧客，到最後總算認識了電報機的價值，不過，這位企業家卻反問莫爾斯：「這東西能將消息傳遞到多遠的地方呢？」

當莫爾斯回答說是「五百公尺」時，引起了一陣哈哈大笑，這位企業家說：「五百公尺，這也用不著發電報呀！」

同時，莫爾斯的朋友們也勸他放棄這種不切實際的幻想。

的確，電報只能發五百公尺，這是莫爾斯發明的「死結」。但是，莫爾斯並沒有因此放棄，認為這不過是一個稍微加以修正就能夠得到解決的問題。

為了改善電報的功能，他甚至將家中唯一值錢的東西——幾幅祖傳的、收藏了多年的名畫變賣。

後來，莫爾斯得到一位青年技師威爾的協助，讓他到父親的工廠進行試驗。最後終於改進了發報和收報裝置，並在傳播線路上添加了一種能產生接力作用的繼電器，解決了電流在傳播過程中逐漸減弱的問題。

最後，莫爾斯的這個嶄新發明贏得美國國會的支持，大獲成功，不但將自己宏大的理想徹底實現，也一舉改變了後來的世界。

只能傳五百公尺的電報機，對於現代的人來說，是多麼難以想像的一個新發明！但是，若沒有這台只能傳五百公尺的原型機

Change your mindset
to flip the future
231

以及莫爾斯的堅持，那麼後來的世界又怎麼會有能迅速傳達情報到遠地的電報機出現，進而改變了人們生活、溝通，甚至戰爭的樣貌呢？

莫爾斯如果就在這台只能傳送五百公尺的原型機上發出了「停止」信號，中斷了進一步的研發，那麼他這台機器就不過是一個笑柄罷了。

但是，他沒有放棄，因為他認為這個「死結」不會永遠存在，這不過是邁向完美路途上的一個障礙。

他以絕對的信心與堅持全然投入，最後終於徹底解決了這個問題，讓電報機真正到達「千里傳訊」的應用階段，獲得了巨大的成功。

把壓力化為前進的動力，堅持到「全盤完善」的那一刻，所有的努力便能得到回報，這就是莫爾斯深信不疑的信念！

能為他人著想，便處處是天堂

天堂與地獄其實都是同一個地方，差別只在於
人心。若人們都有一顆為他人著想的心，那麼
處處都可以是天堂。

發明家愛迪生說：「如果人們都以同情、慈善及人道的行徑
來剷除禍根，那麼人生的災禍便可消滅過半。」

天堂與地獄的差別，大概就在於一顆「體貼」別人的心。

如果一個人只想到自己，為了爭奪「所需要的」而不惜一切
代價，造成混亂的情況就像地獄。相反的，如果懂得彼此幫助、
互讓，讓自己生活周遭散發出一股祥和之氣，那就是天堂的氛圍。

有一日，佛祖從地獄之井往下望去，只見無數生前作惡多端
的人，正因為自己過往的惡行劣跡，飽受地獄之火的煎熬，臉上
充滿痛苦的表情，不住的哀嚎著。這時，一個強盜看到了慈悲的
佛祖，馬上祈求佛祖救他。

佛祖知道這個人生前是個無惡不作的大盜，專門搶劫他人財
物，任意屠殺生靈。但是，他也曾經動過善念。有一次他在山林
趕路，踏下的步伐正要踩到一隻小蜘蛛時，突然心生善念，動了
憐憫之心，移開腳步，放過了那隻小蜘蛛，這成了他一生中罕見
的善業。

Change your mindset
to flip the future
233

佛祖認爲他還有一絲善心，決定用那隻小蜘蛛的力量救他脫離苦海。

佛祖從井口垂下一根蜘蛛絲，大盜像發現了救命稻草一樣，拼命抓住那根蜘蛛絲，然後用盡全力向上爬。

其他在井中受煎熬的人看到這樣的機會當然不放過，一窩蜂擁上前跟著抓住那根蜘蛛絲，無論大盜怎麼惡言辱罵，他們就是不肯鬆開雙手。

蜘蛛絲上攀附的人越來越多，大盜見狀，擔心蜘蛛絲太細，不能承受這麼多人的重量，將自己脫離苦海的唯一希望毀壞，於是開始用雙腳踹開攀在蜘蛛絲上的人。突然，蜘蛛絲消失了，所有的人又重新跌入萬劫不復的地獄中。

如果蜘蛛絲是由佛祖拋下，那必定是堅定的慈悲，不僅不會斷，還可以救很多很多的人。可是，大盜連最後的一點憐憫之心都沒有了，所以佛祖也放棄對他的憐憫之念。

人們很容易因爲太注意自己而忽略他人，總是設身處地爲自己著想，除非有餘力，否則不會考慮對方。結果，每個人都爲了私利你爭我奪，讓生活像個人間煉獄。只會考慮自己的人，同樣的，別人也不會顧念到你。

有句話這麼說：「地獄就是一個你看得到天堂，卻到不了的地方。」

也就是說，天堂與地獄其實都是同一個地方，差別只在於人心。倘若人人都有一顆爲他人著想的心，那麼處處都可以是天堂。

發揮自己本色，不受他人主宰

只要做好自己的事，不用在意別人怎麼對你。
每個人都能主宰自己的命運，扮演好自己的角
色，不受他人言行的影響。

　　小時候做錯了事，為了逃避責罰，減輕自己的過錯，我們總
是會說：「某某某也這樣啊！」

　　這句話一出口，我們也都會得到預料中的回答：「人家這樣
做，代表你也要這樣做嗎？」

　　每個人都有屬於自己的特質，如果只是盲目追隨他人，不但
會失去本色，也不會感到快樂。自己的人生要走向何方，應該由
自己決定。

　　假如我們願意改變自己應對人事物的心態，讓自己活得和別
人不一樣，那麼就可以輕輕鬆鬆地擁有完全屬於自己的未來。

　　有一次，蘇格拉底涉水過河，一不小心跌入了一個深坑裡。
他不會游泳，只好在水中一邊拼命地掙扎，一邊大喊「救命」。

　　一個正在河邊釣魚的人聽到呼喊聲，不僅沒有伸出援助之手，
反而收起釣魚竿，起身就走。後來，多虧蘇格拉底的學生趕到，
才救了他一條命。

　　大家七手八腳地幫蘇格拉底換掉濕衣服，異口同聲地譴責那

Change your mindset
to flip the future
235

個見死不救的釣魚人一點良心也沒有。

過了不久，那個釣魚人涉水過河，一不小心也跌入了深坑裡。這人同樣不會游泳，只好一邊拼命掙扎，一邊大呼「救命」。恰巧，蘇格拉底和他的學生聽到呼救聲就快跑過去，用一根長長的竹竿把那人救了上來。

等到看清楚救上來的人的面孔，蘇格拉底的學生就後悔了，說道：「如果知道落水的是他，我們無論如何都不會救他的！」

蘇格拉底爲落水的人換掉濕衣服，平靜地說：「不，我們必須救他，這正是我們和他最大的區別。」

法國作家雨果說過：「如果自己的良心是平靜的，目的是正當的，那麼即使走在搖撼不定的地上，也應該是步伐堅定的。」

每個人都有自己的人格和操守，那是一項珍貴的寶物。就算是別人不義在先，也不能爲了報復而改變自己原有的理念。只要做好自己的事，盡應盡的責任，就不用在意別人怎麼對你。

每個人都能主宰自己的命運，不像讓人操控的布偶，不能替自己發聲。應該扮演好自己的角色，而不是一味羨慕別人、模仿別人，受他人言行的影響。

就像蘇格拉底有自己的品格，懂得尊重生命，幫助該幫助的人，這就是他和別人不同的地方。做自己，走好自己的路，不論前方的路該直走或轉彎，是平坦或崎嶇，都由自己決定，因爲你就是自己的主人。

懂得分享，世界會更寬廣

一個真正富有的人，懂得和別人分享。只會抓
緊財富的人，心靈反而會更匱乏和空虛。

德國文豪托瑪斯曼曾說過：「身無分文者最慷慨，因為積聚
財富的意念會讓人變得自私自利。」

人有了慾望，為了能使它實現，就會擁有堅強的心志；然而，
人有了慾望，也會因此蒙蔽心靈，眼中只有「慾望」。

就如同一個人的虛榮心，或許不能說它是一種惡行，因為它，
我們會更謹慎於自己的表現。

但是，許多惡行卻又脫離不了虛榮心，為了滿足它，很多人
不惜用非法手段來達成目的。

石油大王洛克菲勒出身貧寒，創業初期勤勞肯幹，人們都誇
他是個好青年。可是，當他富甲一方後，便變得貪婪冷酷，賓夕
法尼亞州油田一帶的居民深受其害，對他恨之入骨。

開始有居民用木頭刻出他的肖像，然後將那木偶像模擬處以
絞刑，以解心頭之恨。無數封充滿憎恨和詛咒的威脅信送進他的
辦公室，連他的兄弟也不齒他的行徑，將親人的墳墓從洛克菲勒
家族的墓園中遷出，並說：「在洛克菲勒支配的土地內，我的親

人是無法安眠的！」

　　洛克菲勒的前半生就在眾叛親離中度過。洛克菲勒五十三歲時，疾病纏身，人瘦得像木乃伊。

　　醫生告訴他：「你必須在金錢、煩惱、生命三者之中選擇一個。」

　　這時他才開始領悟到，是貪婪的惡魔控制了他的身心。他聽從醫生的勸告，退休回家，開始學打高爾夫球，去劇院看喜劇，還常常跟鄰居閒聊。

　　他開始過著一種與世無爭的平淡生活。

　　後來，洛克菲勒考慮把巨額財產捐給別人。起初人們並不接受，可是經過他的努力，人們慢慢地相信他的誠意。

　　洛克菲勒創辦了不少福利事業，還幫助許多黑人脫離貧困生活。他一生至少賺進了十億美元，捐出去的就有七點五億。

　　後此，世人開始用另一種眼光來評價他。

　　法國文豪大仲馬曾經在他的著作中寫道：「未來有兩種前景，一種是猥猥瑣瑣的，一種是充滿理想的。上蒼賦予人自由的意志，讓人可以自行選擇，你的未來就看你自己了。」

　　人世間固然充滿各種誘惑，但活在這個世界上，每個人都應該努力做有價值的人，坦然面對自己，然後征服自己，戰勝自己。

　　很少有人知道，著名的慈善家石油大王洛克菲勒，也曾被金錢蒙住了雙眼。金錢幾乎讓他成為一個惡魔的化身，卻也讓他成為菩薩。

　　洛克菲勒的前半生為金錢迷失了方向，後半生雖然千金散盡，卻得到了用金錢買不到的平靜、快樂和健康，贏得別人對他的尊

敬和愛戴。

許多人的一生，都爲了追求名利而存在。你可以選擇用名利來幫助別人，也可以用名利來打壓別人，端看要怎樣塑造自己人生的雕像。

南宋理學家朱熹說：「凡名利之地，退一步便安穩，只管向前便危險。」

確實，一個眞正富有的人，懂得和別人分享；只會抓緊財富的人，心靈反而會更匱乏和空虛。

Change your mindset
to flip the future
239

有意騙人，就別怨對方不能信任

用不光明手段來謀利的情況很多。你騙我、我騙你，為了自己的「私心」而不擇手段，過程中，往往會兩敗俱傷。

羅伯‧布朗寧說過：「我們能救自己的靈魂就夠了，如果想戲弄他人的靈魂，結果往往適得其反。」

為用小手段佔了別人的便宜，或者做一些證明自己比別人聰明的事，雖然可以得到一時的快樂，卻會傷害到他人的自尊，造成雙方的不愉快。

這樣的行為，也會導致自己人緣變差，得不到他人的敬愛。

從前，北天竺有一個技藝高超的木匠，做了一個木頭女孩，這木女面容端正，舉世無雙，服飾也齊整乾淨，與世間女子毫無差別。她也能走來走去，斟酒待客，只是不會說話。

當時南天竺有一個畫師，很擅長作畫。木匠聽說後，便準備好酒好食，請畫師前來做客。畫師到了後，木匠便讓木女出來斟酒端食，從白天一直吃到晚上，畫師還以為她是個真人，很喜歡她，對她掛念不已。

當天色已晚時，木匠進房內去休息，也請畫師在這裡住一晚，並留下木頭女孩來服侍他，暗示他說：「專門留下這女子，可以

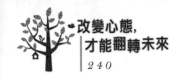

陪你一起休息。」

當主人進屋後，木女還站在燈下。畫師便叫她過來，但是女子卻一直沒有動靜。他以為女子害羞，所以才不過來，於是就上前去拉她的手，這時才知道她原來是個木頭人。

頓時，畫師感到很羞愧，心裡想：「這主人欺騙我，我一定要報復他。」

於是，畫師便在牆上，畫了自己的畫像，畫中人所穿的衣服也與自己相同，畫上的這人用繩懸頸，好像已吊死的樣子，又另外畫了一隻鳥在啄屍體的樣子。畫完後，就關好門，爬到床下躲起來休息。

天亮之後，主人前來請客人用餐，一向屋裡看去，沒想到看見牆上客人吊死的模樣。木匠大驚失色，以為畫師真的死了，便破門而入，用刀砍繩。這時，畫師才從床下爬出來，木匠見狀很羞愧。

畫師說：「你可以騙我，我也可以騙你，現在主客情誼已盡，互不相欠。」

現今社會，用不光明手段來謀利的情況很多。你騙我、我騙你，為了自己的「私心」而不擇手段。在這樣的過程中，往往會兩敗俱傷。

這也讓人想到一個民間故事：

一個駝子想要娶個美嬌娘當老婆，就拜託媒婆幫忙。媒婆傷透腦筋，要到哪裡找個肯嫁給駝子的美麗女孩呢？

正巧鄰村有個大戶人家的女兒到了適婚年齡，想找個優秀的女婿嫁女兒，可是她生來兔唇，遲遲沒人上門提親。一個駝子、

一個兔唇，湊成對豈不剛剛好！媒婆愈想愈高興，就努力促成這們親事。

媒婆教駝子騎著馬從女孩家花園前經過，別讓女孩看到他的駝背。又要女孩假裝聞花香，將花湊在鼻前，遮住兔唇。因為這些巧妙的「掩飾」，兩人自然看對眼，順利拜堂成親。

到了新婚之夜，兩人發現對方的缺陷都大怒不已，覺得受騙上當，於是告上公堂。縣官老爺聽完來龍去脈後，並沒有將媒婆定罪，反而要夫妻倆好好的回去過生活。畢竟，最初兩人都有「欺騙」對方的意圖。

這個故事雖然諷刺，卻也算是個圓滿結局。可是，現實的生活沒有那麼簡單，若抱著「欺騙」的心來對待他人，往往會得不償失。

PART ⑩

多努力一點，能走得更長遠

多做點努力，為將來預留「幸福」的空間。無論任何
時候，我們都該有「更進一步」的信念，才能讓人生
走上康莊大道。

想獲得勝利,就要堅持到底

要有足夠的恆心與毅力,在擅長的領域中堅持
付出,最後才能品嚐到成功的甜美果實。

每個人都想要成功,都想要出人頭地,享受功成名就的好處
與快感。

然而,成功究竟有沒有秘訣?

當然有,而且這個問題的答案有很多種,但在其中,一定包
含了一項永恆不變的法則,那就是堅持到底。

古希臘哲學家蘇格拉底曾經被他的學生問到相同的問題:「請
問老師,一個人若想要成功,究竟有什麼辦法?」

蘇格拉底沉吟了一會兒,並沒有馬上回答,只向他的學生們
吩咐了這樣一道作業:每天把手臂分別向前、向後甩三百下。

「能夠辦到的人,」蘇格拉底向學生們說道:「我就會將這
項秘訣完整地傳授給他們。」

同學們聽了,認爲這再簡單不過,都痛快地答應了。

一周以後,蘇格拉底問起這項作業的執行情況,百分之九十
的同學都驕傲地舉起了手,說自己每天都照著這套動作做。

「非常好,」蘇格拉底向學生們說:「不過,這樣還不夠,

Change your mindset
to flip the future
245

你們必須再繼續不間斷地做下去。」

又過了一個月之後，只有百分之八十的同學仍然堅持。

蘇格拉底點點頭，又向學生們說：「這也還不夠，你們還是必須再持續做下去，每天將手臂分別向前、向後甩三百下，一下都不能偷懶。」

一年以後，當蘇格拉底再次問起，全班只有一人高高舉手。

這位舉手的人不是別人，就是後來另一位偉大的哲學家柏拉圖。這就是偉人和普通人的差別。

其實，成功的秘訣，每個人都能說出那麼幾條來，「堅持到底」無疑是其中公認的一點。

世界上從來就沒有輕鬆容易就能成功的道理，也正是因為如此，堅持到底才會顯得這麼重要。

如果我們對每件事都只試了一下就放棄，沒有投注足夠的心力與時間，我們就不可能有足夠的了解與認識，更談不上熟能生巧、從中累積經驗與歷練了。

每個人都想要成功、想要勝利，而我們能做的，只有比別人更勤快、更專注、更用心，換句話說，就是付出更多、堅持更久。天底下沒有白吃的午餐，也沒有所謂的不勞而獲；即使聰明如柏拉圖，也要有足夠的恆心與毅力，在自己擅長的領域中堅持付出，最後才能品嚐到成功的甜美果實。

奇蹟，來自強韌的意志力

只要能夠專心致志地去追求，即使是「不可能」，也能化為「可能」。因為，人類堅強的意志力足以喚起任何的「奇蹟」。

　　如果一個人遇到難題的時候，總是不斷地告訴自己：「這不可能，我辦不到！」那麼，又怎麼可能真的克服困難呢？

　　如果一個人追求夢寐以求的理想時，總是不斷地告訴自己：「這不可能，我辦不到！」那麼，又怎麼會有實現夢想的一天呢？

　　一個富有人家生了一個女兒，可惜不久，這個小女孩得到一種無法治癒的癱瘓病，失去了走路的能力。雖然命運如此弄人，這個小女孩仍然堅信自己終究會好起來，能夠跟其他的小朋友們一起遊戲。

　　有一天，小女孩與家人一起乘船去旅行航行過程中，一個快樂的服務生很喜歡這個可愛的小女孩，常常逗著她玩。

　　有一次，服務生講起這艘船的船長有一隻非常可愛的小鳥，他經常帶著小鳥在船的甲板上玩。小女孩聽得很入迷，很想親自看一看。

　　於是，服務生就把這個孩子背到了甲板上。可是，船長正好不在，小女孩耐不住性子等，要求服務生領她去找船長。

Change your mindset
to flip the future
247

　　這時，服務生一時忘記了小女孩的腿不能走路，竟拉起她的小手就往前走。

　　這時，奇蹟出現了，這個孩子因為過度的渴望，拉住了服務生的手，真的慢慢地走了起來。從此以後，這個女孩兒的病竟然奇蹟般地好了。

　　也許，是由於童年時代對於追求喜愛事物的忘我，才使她戰勝了疾病。小女孩長大後，又以一樣的心情，專心致志地投入了文學的創作中，最後終於成為榮獲諾貝爾文學獎的知名作家。

　　她就是塞爾瑪·拉格洛夫。

　　那些在旁人看來是「奇蹟」的事，未必真的是神的旨意或是超自然的力量，通常是人類堅強意志力的絕妙展現。

　　人類靠著意志力所產生的力量，在地球上建立起了亙古不毀、永恆不滅的金字塔；人類的意志力所產生的力量，讓人類將自己的腳步踏上數十萬公里外的月球。有什麼是我們辦不到的呢？

　　對於大多數人來說，只要遇到自身無法突破或完成的難題與門檻，常常就用一句「不可能」來概括；但是，只要一個人能夠專心致志地去追求，心無旁騖地努力，那麼，即使是「不可能」，也能化為「可能」。

　　因為，人類堅強的意志力足以喚起任何的「奇蹟」。

　　放手去做，勇敢向前，不論何時何地我們都要告訴自己：「我辦得到！」

彼此努力,才能有長久關係

結婚是件幸福的事,維持長久的相愛關係卻不容易。在要求對方達到自己的需求時,也該思考自己是否還有努力空間。

日本作家龜井勝一郎說:「有位作家曾經說過:『結婚是青春的過失。』我覺得『過失』這兩個字用得很好,因為一對夫妻如果認為結婚是戀愛的墳墓,也許他們會微笑地向對方說:『我們兩個都完了。』我認為,這就是一種夫妻愛的表現。」

能平白找到一個完全適合自己的對象,機率近乎於零。因為,融洽的婚姻生活、適配的對象,是逐漸形成、慢慢創造出來的。

某科系的最後一堂課是「婚姻含有經營和創意」,主講老師是一位研究婚姻問題的教授。他走進教室,把一疊圖表掛在黑板上,然後掀開第一頁,只見上面寫著一行字:

婚姻的成功取決於兩點:一是找個好人;二是自己做一個好人。

這時台下嗡嗡作響,許多已婚身分的學生交頭接耳討論起來。有位三十多歲的女子站起來說:「如果這兩條沒有做到呢?」

教授翻開圖的第二張,說道:「那就變成四條了。」

一、容忍,幫助,幫助不好仍然容忍。

二、使容忍變成一種習慣。

三、在習慣中養成傻瓜的特性。

四、做傻瓜，並永遠做下去。

教授還未把這四條唸完，台下就喧嘩起來，說著要做到這樣太難了。

等到大家靜下來，教授繼續說：「如果這四條做不到，你又想有一個穩固的婚姻，就得做到以下十六條。」教授翻開第三張掛圖。

一、不同時發脾氣。

二、除非有緊急事件，否則不要大聲吼叫。

三、爭執時讓對方贏。

四、當天的爭執當天化解。

五、爭吵後回娘家或外出的時間不要超過八小時。

六、批評時話要出於愛。

七、隨時準備認錯道歉。

八、謠言傳來時，把它當成玩笑。

九、每月給他或她一晚自由的時間。

十、不要帶著氣上床。

十一、他或她回家時，你一定要在家。

十二、對方不讓你打擾時，堅持不去打擾。

十三、電話鈴響，有時讓對方去接。

十四、口袋裡有多少錢要隨時報帳。

十五、堅持消滅沒有錢的日子。

十六、給你父母的錢一定要比給對方父母的錢少。

教授唸完，有些人笑了，有些人則嘆起氣來。過了一會兒，教授說：「如果大家對這十六條感到失望的話，那你只有做好下

面的兩百五十六條了。總之，兩個人相處的理論是一個幾何級數理論，它總是在前面那個數字的基礎上進行二次方。」

教授接著翻開掛圖的第四頁，這一頁寫滿了密密麻麻的字。

望著譁然一片的教室，教授說：「婚姻到這一地步就已經很危險了。」

台下頓時安靜無聲，有人流下了眼淚。

人生有許許多多的困擾和煩惱，其實都來自於我們想要操控某些事情或某些人，尤其是自己最親近的人。

結婚雖然是件幸福的事，維持長久的相愛關係卻不容易。

一個與自己「相配」的對象必須建立在某種程度的相互包容上，在要求對方達到自己的需求時，也該思考自己是否還有努力的空間。

所謂的「個性完全不合」是不存在的，只有願不願意為兩人的關係多努力一點，用智慧克服相處上碰到的每一次危機。

Change your mindset
to flip the future
251

阻礙不會影響真愛

人只有在最危急的時候，表達出的愛才最真誠。一個能在你最低潮時陪伴在身邊的人，才是真心待你的人。

美國著名的短篇小說家歐·亨利在一篇名為〈聖誕禮物〉的故事中，描述著一對恩愛卻貧窮的夫妻，為了在聖誕節前夕送給對方一份合適的禮物，犧牲了自己寶貴的東西。

妻子為了替丈夫買一條錶鏈搭配他心愛的懷錶，將美麗的長髮賣給理髮店做假髮。丈夫則賣掉懷錶，換了一把髮梳要送妻子。

兩人拆開對方送給自己的禮物時，雖然不免心酸，心裡卻是溫暖的。因為彼此都只想著「能為對方做些什麼」！

真摯的愛往往沒有條件，在最危急的時候能夠毫不猶豫的顯現出來。

一位老師出了一道題目，要求每個學生說出一種「愛的表達方式」，內容不能重複。得到的答案五花八門，其中有一個女孩，講了這樣一個故事：

有一對年輕夫婦都是生物學家，經常一起深入原始森林考察。有一天，他們像往常一樣走進森林，可是當他們爬過那塊熟悉的山坡時，頓時僵住了，原來有隻老虎正盯著他們。

　　沒帶獵槍的他們臉色蒼白，知道自己逃不了，一動也不動地盯著老虎，老虎也和他們對望。僵持了幾分鐘的時間，老虎朝他們奔來。就在這時，那個男人突然喊了一聲，然後自顧自地飛快跑開了。

　　奇怪的是，快跑到女人面前的老虎也突然改變了方向，朝男人追了過去。隨後就傳來慘叫聲，女人平安地逃了回來。

　　當聽到男人自顧自跑開，最後被老虎咬死時，幾乎所有的人都說了聲「活該」。也在這時候，說故事的女孩問大家知不知道那男人最後喊的話是什麼。所有的同學整理出兩種答案。

　　第一個是：老婆，對不起！我先走了！

　　第二個是：趕快逃啊！逃一個算一個！

　　女孩平靜地說：「你們都錯了！那個男人對他的妻子喊的是：『照顧好女兒，好好活下去！』」這時，女孩的臉上已經掛滿了淚水。

　　面對著大家的驚愕和不解，她接著說道：「在那種情況下，老虎只會攻擊逃跑的人，這是老虎的特性。」

　　最後，女孩說：「在最危險的時刻，我爸爸一個人跑開了，但他用這種方式表達了對我媽媽最真摯的愛。」

　　教室裡沉寂了一會兒，接著響起了掌聲。

　　有句話說：「患難見真情。」人只有在最危急的時候，表達出的愛才最真誠。一個能在你最低潮時陪伴在身邊的人，才是真心待你的人。

　　一段理想的愛，並不一定有一百分的完美情人、說不完的體貼和甜言蜜語，而是願意一起分享快樂、悲傷，面對痛苦和喜悅

Change your mindset
to flip the future
253

的伴侶。

　　孩子們在還沒聽到故事結尾前，就做出評斷，認為男人是個自私的傢伙，丟下妻子先行逃開。多數人會有這樣的想法，是因為當我們想到愛時，都只問對方能「給予」什麼。

　　或許，我們也該想想自己能為對方付出多少。

　　正如同黑人人權推動者布克‧華盛頓說的：「『愛』是一個圓，什麼地方都可以做圓心，因此你找不到圓周在哪裡。」

生活用心，抵過千萬黃金

愛一個人，還得用「心」去體會對方真正的需
求和感受。多花點心思檢視生活，為自己和家
人留點享受幸福的空間。

有句話說：「夫妻是生命的共同體。」

如果能找到一個可以和自己分享生命的伴侶，人的生命才能
算完整。因此，當你找到生命中的另一半時，總希望能盡一切力
量，將整個世界給他，他的快樂，就是你的快樂。

然而，在努力愛對方的過程中，卻也不知不覺地忽視了對方
真正想要的，甚至失去了某些東西。

威爾斯經過好幾個月的努力，終於為公司研發出一款新遊戲
軟體，他想把好消息告訴妻子貝拉時，才意識到自己已經有半個
月沒回家了。

庭院的玫瑰悄悄地綻放著，威爾斯卻沒看到妻子身影，他激
動地大聲叫著：「親愛的，我回來了。」

可是，沒人回應，整個屋內空無一人。

威爾斯突然發現一張紙條，上面寫著：先生，請準備足夠的
贖金到梅勒敦公園來。記住，不可以報警！否則你將永遠見不到
你的妻子。

Change your mindset
to flip the future
255

威爾斯怕綁匪對妻子不利而沒報警。他取出銀行所有的錢，來到梅勒敦公園，四處張望，心裡焦急萬分，卻看不到長得像綁匪的人。梅勒敦湖邊那棵熟悉的橡樹依然迎風而立，一張長椅靜置一旁，他的心一陣陣地揪緊，因為那是他和貝拉邂逅且相愛的地方。

他們總會挽著手來這裡散步，憧憬幸福的未來。可是，自己開了公司之後，工作日漸忙碌，一起散步的次數越來越少。

威爾斯孤零零地坐在這兒，想到從前曾有過的幸福時光，後來卻對妻子漸漸疏忽和冷淡，心裡充滿了愧疚。

有人交給他一張字條。威爾斯不知道歹徒究竟在玩什麼花樣，他急忙拆開，只見上面寫著：「到弗萊理電影院來，買一張正在放映的電影門票，記住是十排二號，到時會告訴你交易的地點。」

昏暗的電影廳裡人很少，這裡也是他和貝拉經常來的地方。遺憾的是，他竟想不起上一次帶貝拉來這兒是多久之前了。他還曾對妻子許諾，等有錢了，就帶她到那家有名的紐巴克餐廳去。

可是等到他們有錢後，威爾斯卻太忙。他以為有了錢就能擁有一切，現在他才領悟到，沒有了貝拉，再多的錢都毫無意義。

這時，又有一個人遞給他一張紙條。威爾斯無法忍受了，他抓住那個人的領口，大聲叫道：「你們到底想怎樣？你們把我妻子怎麼了？」

那人被嚇著了，同時有點憤怒地說：「先生，你誤會了，我可不想綁架你，我只是受一位女士的委託，把這個給你而已。」

「女士？」威爾斯滿腹狐疑地鬆了手，難道是一個女綁匪嗎？他急忙拆開字條，上面寫著：「想見你妻子，帶著贖金到前面的紐巴克餐廳來。」

「紐巴克餐廳？」瞬間，威爾斯恍然大悟，飛快地奔向紐巴

克餐廳。

透過餐廳柔和的燈光,他看見一個熟悉的身影。

威爾斯輕輕走過去,握著貝拉的手說:「對不起,我知道自己錯了。這一次,我以一顆心作爲贖金,妳能再給我一次機會,讓我贖回虧欠妳的所有幸福和快樂好嗎?」

人生本來就充滿選擇,如何面對發生在自己眼前的事情也是一種選擇,你的態度將決定你未來的人生道路。

但是,不管做了什麼選擇,只要多花一些心思,多花幾分鐘,有些事情我們還是可以適時兼顧的。

爲了讓對方過得更好,有的人將全部的精力投入工作之中,認爲只有豐厚的物質,才能擁有幸福的日子,結果卻因爲沒有把握「相處」的機會,流失了許多珍貴的事情。

工作雖然重要,但是日常生活也是生命的一環,忽視任何一方都將失去幸福。愛一個人,不僅僅是單純的「付出」,自認爲是「爲對方好」就夠了,還得用「心」去體會對方眞正的需求和感受。別以爲忙碌是個正當理由,就能忽視對親人的關心。

讓我們多花點心思檢視生活,爲自己和家人留點享受幸福的空間。

越是親密，越要懂得感激

來自非親非故的付出，應當心懷感激，但是對
於無條件付出的親情，我們不是更該體會這份
難得的「恩惠」嗎？

由於少子化的趨勢，現代人對於子女的照顧，已經近似於溺
愛。孩子們也習慣於接受、索取他人對自己的付出。

然而，人與人之間的關係是互相的，希望別人怎麼對你，自
己得先學習如何尊重對方的付出。如果連對親近的家人都不懂得
心懷感激，日後又怎麼體會他人給予的「恩惠」呢？

不應忘記別人的小恩小惠，更不該忽視父母的恩情。

一個小女孩經常和媽媽吵架，不管大小事都會成為爭吵的理
由。有一天，小女孩又和媽媽吵起來，一氣之下跑出門去。

小女孩不知走了多久，看見前面有個麵攤，才想起自己還沒
吃飯，肚子已經餓了。可是，她摸遍了全身上下的口袋，裡面連
一個銅板也沒有，之前氣沖沖跑出來時忘了帶錢。

這個麵攤的主人是一個看起來很和藹的老婆婆，看到小女孩
站在那裡直盯著客人的湯麵嚥口水，就問：「孩子，要吃碗麵
嗎？」

小女孩羞紅了臉，不好意思地說：「可是……我忘了帶錢

了。」

　　老婆婆面帶微笑地說：「沒關係，我請妳吃。」老婆婆端來一碗餛飩麵，還切了一碟小菜給小女孩。

　　小女孩滿懷感激吃了幾口就停下筷子，眼淚從她的臉上掉了下來，每顆淚珠都落在碗裡。老婆婆關心地問：「妳怎麼了？是不是發生什麼事了？」

　　小女孩連忙擦乾眼淚，對麵攤主人說：「沒事，我只是很感動。我不認識，妳卻對我這麼好，還煮餛飩麵給我吃。可是，我才跟我媽媽吵了幾句嘴，她就把我趕了出來，還告訴我不要再回去了。」

　　老婆婆聽了之後，拍了拍小女孩的頭平靜地說道：「孩子，妳怎麼會這麼想呢？妳想想看，我只不過煮了一碗餛飩麵給妳吃，妳就這麼感激我。妳媽媽煮了十多年的飯給妳吃，妳怎麼不感激她呢？怎麼還要和她吵架呢？」

　　小女孩一聽愣住了，眼淚又開始掉了下來，因為，她想起老師曾經說過的：「我們通常對別人給予的小恩小惠『感激不盡』，卻對親人一輩子付出的恩情『視而不見』。」

　　小女孩匆匆把餛飩麵吃完，說了聲謝謝後，就頭也不回地往家的方向跑去。小女孩才剛到家附近，就看到疲憊不堪的母親正在路口四處張望。

　　小女孩的母親看到女兒回來，臉上馬上露出喜色，疼愛地說：「趕快進來吧，飯已經煮好了，妳再不吃，都要涼了！」

　　我們常常會要求自己的父母、另一半這樣做那樣做，以為他們為自己付出的一切都是理所當然的，只要不符合自己的要求，

就認為自己受了委屈，對方虧待了自己。

可是，同樣的付出如果來自朋友、同事、陌生人等等，就會銘記在心，急著找尋回報的機會。

人們總是把親人對自己的好當作應盡的義務，把另一半照顧自己的心力，視為理所當然，從不認為該表達謝意。

的確，來自非親非故的付出，應當心懷感激，但是對於無條件付出的親情，我們不是更該體會這份難得的「恩惠」嗎？

給老人關懷，也能有美滿未來

給老人們多一點關懷，當我們看見銀髮族到處
「閒晃」時，請多體諒他們，並為他們保持著
活力而微笑吧。

常常聽到年輕學子討論銀髮族在公車上「搶座位」的行徑：
「他們真的很閒，加上老人坐車不用錢，一天到晚就看著同一批
人來來回回地坐車，公車根本是他們聚會的地點。不讓座又被認
為沒禮貌，可是我們每天上下課擠公車也很累啊，那些老人幹嘛
來湊熱鬧！」

在我還是個學生時，也常常有這樣的感覺。背個重書包，加
上熬夜唸書累個半死，就算再早排隊等公車，上了車還是得讓座，
心裡難免有些不愉快。

直到年紀日漸增長，看見當年可以牽著自己的小手，走上幾
公里路到處遊玩的爺爺，現在連行走都得靠人攙扶之時，對於公
車上老人「鴨霸」的行為，也能笑著接受了。

有位七十多歲的老先生，就算行動遲緩、背駝得厲害，還是
每天風雨無阻到圖書館報到。不僅如此，他總是第一個進去，最
後一個離開，就算所有讀者都走光了，他還是沒有離開的打算。
每天如此，讓管理員覺得很困擾。

　　這位老先生每次進閱覽室只是東翻西翻，純粹來消磨時光，管理員對他愈來愈不耐煩。直到發生了一件事，才讓管理員改變對老先生的看法。

　　那天在下班路上，同事突然問她：「妳母親是不是在商場當監督員？」

　　管理員搖頭道：「沒聽說過呀。」

　　同事說：「我老婆在那商場當收銀員，每天開門，迎接的第一個顧客常常是妳母親。而且她老人家什麼也不買，卻常常杵在櫃台邊問東問西。時間一長，員工就以為她是公司派來的監督員，來監督他們工作。因此，所有人都對她既戒備又反感。」

　　管理員聽完就轉向來到母親家，她的父親兩年前病故，只剩母親一人住在老家。

　　管理員向母親詢問事情經過，母親說：「沒這回事呀？他們大概是誤會了，我只是閒逛而已。」

　　管理員一聽，就開始數落母親給他人帶來麻煩。

　　母親不語，過了許久才長嘆了一聲，傷感地說：「我們這些老人太寂寞了，只能逛逛商店，消磨一下時間，久了就養成習慣，一天不去就覺得不對勁。要不，妳要我做什麼呢……」母親垂下花白的頭，悄悄地流下了眼淚。

　　就在那瞬間，管理員突然感到心酸。母親雖然有一兒兩女，但兄妹們卻很少回來看母親，陪她聊聊天，母親要的只是有人陪陪她！那天管理員沒有回家，陪母親住了一晚，也聊了一晚。

　　第二早上，管理員很早就到圖書館，駝背的老先生仍然站在閱覽室前等候。

　　管理員心中突然出現母親的身影，她第一次真心面帶微笑，對他說：「早啊！老先生。這麼早就來啦，趕快進來吧。」

　　當我們慢慢長大，走入社會，有了自己的家庭之後，我們對長輩不再依賴，也培養出自己的一套人生觀。

　　再加上日常生活種種瑣事，常讓我們分身乏術，將陪伴長輩的時間壓縮到最後的角落。總要到長者離開人世，才驚覺到我們再也沒有機會付出愛。

　　在管理員抱怨老先生帶來的不便的同時，自己的母親也正在做相同的事。如果能多站在別人的立場，為他設身處地著想，其實也就是為自己著想。

　　給老人們多一點關懷，試著從他們身上感受生命的智慧。

　　人都有年華老去的一天，甚至因為行動不便終日在家。當我們看見銀髮族到處「閒晃」時，請多體諒他們，並為他們保持著活力而微笑吧。

Change your mindset
to flip the future
263

待人真心，才能打動人心

唯有用心待人，總有一天能打動對方的心，也
以同樣的態度愛你，那麼，擁有一個和諧快樂
的家庭就不只是口號而已。

曾聽過一個女孩對她的母親說：「媽，妳對嫂子好一點嘛！
萬一哪天我嫁到別人家裡去，也遇到一個像妳一樣的婆婆，日子
豈不很難過？」

婆媳問題一直是很多家庭的困擾，有些女性朋友甚至認為，
如果男友的母親是個難相處對象，寧可不嫁也不願意面對一個「惡
婆婆」。畢竟，生活在一個爭吵不斷的環境裡，不僅自己過得痛
苦，先生和兒女也不會快樂。

難道婆媳戰爭是千古不變的宿命嗎？

其實不是，因為愛可以化解一切！

一位年輕的媳婦和她的婆婆關係非常不好，覺得婆婆總是和
她作對，處處為難她。她每天都活得很不開心，想著該如何對付
婆婆。

某天，媳婦來到一家醫院，問一位醫術高明的醫生：「醫生，
有什麼秘方可以毒死我的婆婆嗎？我快受不了她對我的虐待了。」

醫生聽了，並沒有開導她，反而笑著說：「我幫妳開一劑『酸

泥丸』，你可以在每天吃飯之前拿出一顆給她吃。只是每次給她吃『酸泥丸』的時候，妳必須裝作很孝順的樣子侍候她，這樣她才不會起疑心。等到三個月後，你的婆婆就會有所不同，那時候妳再來一趟，我幫妳加重藥的劑量，等到第一百日，就能一命嗚呼了。」

年輕的媳婦聽了非常高興，快快樂樂地拿著醫生開給她的藥回去給婆婆吃。

三個月後，她再次來到醫生面前說：「醫生，我不想毒死我的婆婆了。」

醫生問她：「妳為什麼改變主意呢？」

「自從我聽了你的話，每天吃飯前都盡心侍候婆婆吃下一顆『酸泥丸』後，婆婆突然改變對我的態度，不但非常和善，還搶著幫忙做家事，要我多休息，比我的母親還要關愛我。」

說到這兒，媳婦的臉上流下淚來，她哭著對醫生說：「請救救我的婆婆！醫生，請你趕快給我開一劑解毒的藥，我不希望婆婆死掉。」

醫生聽完媳婦的話，終於露出慈祥的表情開懷著說：「放心好了，妳婆婆不會死的。『酸泥丸』其實是一道可口的點心，當時我是騙妳的。」

由於媳婦每天盡心的侍候婆婆，即使是有動機而「假裝」出來的，卻讓婆婆感受到媳婦的孝心，自然也關心起媳婦來。

漸漸地，雙方都感受到彼此的「善意」，相處也愈來愈融洽，婆媳之間的關係也在無形中改善。

很多婆媳問題的產生，其實只是源自個人偏見，當心裡已經

Change your mindset
to flip the future
265

有個芥蒂時，不管怎麼做，都能挑出毛病來。

　　作家絲曼特曾說：「一個愉快的家庭，一定要用愛來維護。」

　　只要拋開偏見，用心待人，總有一天能打動對方的心，也以同樣的態度愛你，那麼，擁有一個和諧快樂的家庭就不只是口號而已。

多努力一點，能走得更長遠

多做點努力，為將來預留「幸福」的空間。無
論任何時候，我們都該有「更進一步」的信
念，才能讓人生走上康莊大道。

某次聽一位烹飪老師示範糕餅製作方法的課程時，講義上明明寫著麵粉兩百五十克，她卻多加了二十克進去。

根據老師的說法是，在製作的過程中，麵粉會因為沾黏在攪拌器、手上、鍋盆等地方而損耗，所以實際上用的不到兩百五十克。因此，才多加二十克進去當作緩衝空間。

如果用「糕餅的製作」來思考人生，我們所做的努力可要再加強了。光只有八十分的努力還不夠，要做到九十分甚至一百分，才可能有八十分的成果。

從前，在相鄰的兩座山上，分別有兩座廟和裡面住著的兩個和尚。兩座山之間有一條溪，兩個和尚每天都會在同一個時間下山去溪邊挑水。

久而久之，他們便成為了好朋友。

時間飛逝，不知不覺五年過去了。有一天，左邊這座山的和尚沒有下山挑水，右邊那座山的和尚想，他大概有事耽擱了，不以為意。

哪知第二天，左邊這座山的和尚，還是沒有下山挑水，第三天也一樣，就這樣過了一個星期、一個月，都還沒見到左邊那座山的和尚前來挑水。

右邊那座山的和尚開始感到擔心，想朋友可能生病了，必須趕過去探望他，看看能不能幫上什麼忙。

於是，他爬上了左邊這座山去探望他的老朋友。

當他終於爬上左邊這座廟時，眼前的景象卻讓他大吃一驚。他的老友正在廟前打太極拳，一點也不像一個月沒喝水的人。

他好奇地問：「你已經一個月沒有下山挑水了，難道都不用喝水嗎？」

左邊這座山的和尚說：「來來來，我帶你去看一個東西。」

他帶著右邊那座山的和尚走到廟的後院，指著一口井說：「這五年來，我每天做完功課後，都會抽空挖這口井。我們現在年輕力壯，能自己挑水喝，倘若有一天我們都年邁走不動時，能指望別人為我們挑水喝嗎？」

「所以，即使我再忙，也從來沒有間斷過我的挖井計劃，能挖多少就算多少。如今，終於讓我挖出這口井，就不必再下山挑水了，甚至有更多的時間來練習我最喜歡的太極拳。」

美國著名的醫師作家麥克斯威爾‧馬爾茲告訴我們：「想像你對苦難做出的反應，不是逃避或繞開它們，而是面對它們，和它們打交道，以進取的和明智的的方式進行奮鬥。」

想要擁有寬闊、美好的未來，就要改變自己的應對態度。

現代人之所以感覺自己活在壓力之中，很多時候是因為不願意未雨綢繆，對於眼下可以進行的事項，不願意立即動手去做。

　　每天抽出一點時間來挖井，雖然比較累，但是用五年的時間換來往後數十年下山挑水的日子，其實是非常划算的。

　　人一生的奮鬥，不就是為了讓生活過得更舒適、美好嗎？既然如此，何不趁現在多做點努力，為將來預留「幸福」的空間，做自己想做的事呢？

　　不「進」不只是「退」，還有可能連踏上起跑線的機會都沒有。無論任何時候，我們都該有「更進一步」的信念，才能讓人生走上康莊大道。

　　每天多努力一點，正如有句法國俗諺所說的：「要想跳過一丈寬的水溝，就要先想辦法跳過一丈五。」

試著改變心態，讓你的生命擺脫陰霾

改變心態，
就能
改變事態

Change your mind
and you can change things

千江月 著

法國文豪羅曼羅蘭說：
**人生原是與苦俱來的，不要沮喪人生的痛苦，應該在痛苦中學習、
修養、覺悟，在苦難中發現我們內蘊的寶藏。**

要感謝上天賜給你的苦難，不要一遇到瓶頸就選擇沮喪退縮，
也不要悔恨已經無法改變的過去。
事實上，生命中處處都是機會，失意挫折也許正是機會的另一種變身。
改變心態可以重新塑造自己，也可以改變事態的發展。
要使生命擺脫陰霾，應該試著改變心態，將阻擋自己的人生苦難，化為追求生命喜悅的動力，
不要遭遇不幸躲在陰暗的角落裡自憐自艾。

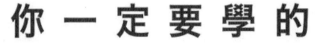

你一定要學的

撩　妹

How To make a girl chase you

心理學

凌雲＝編著

想要把妹，就不要怕被拒絕

作家安・蘭德絲曾寫道：

男人最大的遺憾，通常就是面對讓自己怦然心動的對象，卻因為畏怯忐忑，未能將心中的愛意表達出來。

如果你不想讓錯過的愛情成為心中永遠的痛，那麼面對喜愛的正妹，就必須放下忐忑不安的心，大大方方表現自己的心意。千萬不要猶豫不決，也不要害怕遭到拒絕，如果你不適時放放電，又怎麼知道和對方來不來電？想撩正妹，臉皮一定要厚，只要不患得患失，你就會恍然發現，其實對方並不像自己想像中那麼難追。

你 也 可 以 用 幽 默 的 方 式 表 達 自 己 的 意 思

幽默的人

HUMOROUS PEOPLE
ARE THE MOST POPULAR

最讓人喜歡

理學家威廉・詹姆斯曾說：

幽默雖然不是什麼特異功能，
卻能輕鬆化解原來尷尬或對立的場面。

實，
這個人際關係緊張對立的社會，
得在適當的時機幽默一下的人，
都受人歡迎。

為，
默的人懂得用自嘲來化本尷尬、對立的氣氛，
懂得用機智詼諧的話語做為別人和自己的下台階。

默的人最讓人喜歡，
為誰都不願意跟不苟言笑，
事一板一眼的人聚在一起，
沒人願意跟開不起玩笑，
不動就生氣的人建立密切關係。

果你想擁有良好的人際關係，
養適度的幽默感，
是是必修的第一門功課。

德娜 編著

改變心態，才能翻轉未來

生活講義
125

作　　者　黛　恩
社　　長　陳維都
藝術總監　黃聖文
編輯總監　王　凌
出 版 者　普天出版社
　　　　　新北市汐止區康寧街 169 巷 25 號 6 樓
　　　　　TEL／(02) 26921935 (代表號)
　　　　　FAX／(02) 26959332
　　　　　E-mail：popular.press@msa.hinet.net
　　　　　http://www.popu.com.tw/
　　　　　郵政劃撥 19091443 陳維都帳戶
總 經 銷　旭昇圖書有限公司
　　　　　新北市中和區中山路二段 352 號 2F
　　　　　TEL／(02) 22451480 (代表號)
　　　　　FAX／(02) 22451479
　　　　　E-mail：s1686688@ms31.hinet.net
法律顧問　西華律師事務所・黃憲男律師
電腦排版　巨新電腦排版有限公司
印製裝訂　久裕印刷事業有限公司
出 版 日　2018 (民 107) 年 10 月第 1 版
Ｉ Ｓ Ｂ Ｎ◉978-986-389-543-5　　條碼 9789863895435
Copyright◎2018
Printed in Taiwan ,2018 All Rights Reserved

國家圖書館出版品預行編目資料

改變心態，才能翻轉未來／
黛恩編著.─第 1 版.─：新北市, 普天
民 107.10 面；公分. -（生活講義；125）
ISBN◉978-986-389-543-5（平裝）
CIP◎177.2

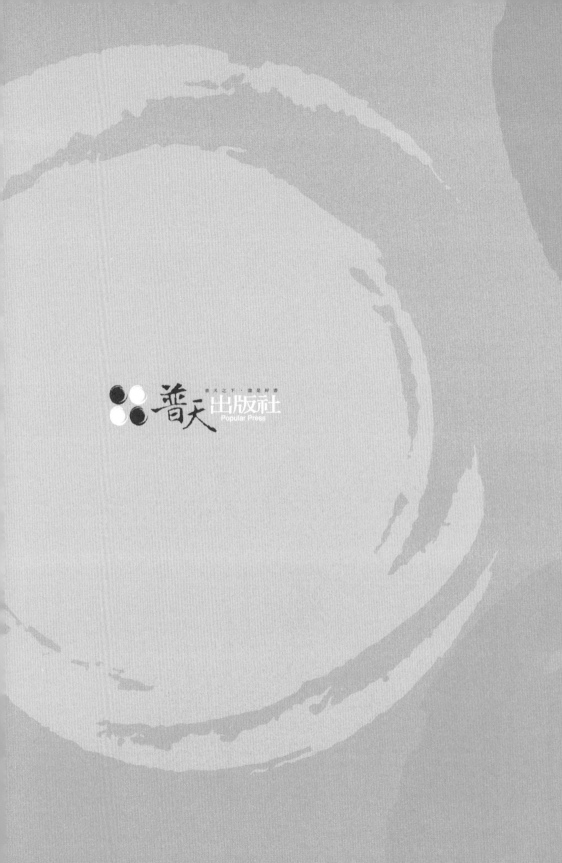